시 읽기는 행복하다

송명희 시평론집

박문사

책머리에

시 읽기는 행복하다

 나는 언제 시를 읽는가? 행복해지고 싶을 때, 편안해지고 싶을 때, 무언가 위안을 얻고 싶을 때, 휴식이 필요할 때에 시를 읽는다. 뿐만 아니라 나는 기분이 좋은 모임에서 마음이 맞는 사람들과 만나 와인이라도 한 잔 하게 되면, 노래를 부르는 것이 아니라 시낭송을 한다. 시는 눈으로만 읽기보다는 낭송을 해야 제 맛이 난다.

 1990년대 중반, 아직 부산에 시낭송이 지금처럼 유행하기 훨씬 전의 일이다. 대연동에 있는 다솜 소극장에서 계절마다 시낭송회를 갖곤 했다. 극장주인인 송순임 씨와 시인 정선기 씨, 음악 프로듀서이자 시인인 김옥균 씨, 그리고 내가 공동으로 기획하여 시낭송의 테마를 정하고, 그에 맞는 무대장치, 음악, 무용에 이르기까지 종합적으로 기획하여 무대에 올렸다. 일종의 종합예술로서의 시낭송회를 가진 것이다. 몇 년 동안 그처럼 멋진 시낭송이 가능했던 것은 운파 문화장학회의 경제적 후원이 컸다.

 소설을 텍스트로 논문을 쓰는 사이사이 시에 관한 평론들과 해설문 등을 여기(餘技)처럼 편안한 마음으로 썼다. 하지만 그것은 단순한 여기는 아니다. 난 석사학위논문을 「한용운 시연구」로 썼고, 문학평론가도 시평론으로 등단했다. 그래서인지 시에 대한 평론을 쓸 때에는 마치 고향에라도 돌아온 듯한 편안함을 느낀다.

「이상화 시의 장소와 장소상실」은 지난해(2008) 대구의 이상화문학제의 초청으로 발제했던 것을 학술지(『한국시학연구』23집)에 발표한 논문이다. 이상화에 관한 나의 네 번째 논문인 셈이다. 요즘은 시에 관한 논문은 안 쓴다는 나에게 이상화문학제의 위원장이신 이기철 교수님이 강권하신 덕에 쓰게 되었다. 그 즈음 나는 문학에서의 공간론을 벗어나 인문지리학, 건축학 등 다양하게 공간이론을 공부하고 있었다. 중국출신의 인문지리학자 이-푸 투안의 『공간과 장소』와 캐나다의 인문지리학자 렐프의 『장소와 장소상실』을 읽게 된 것도 그러한 계기 때문이다. 마침 이-푸 투안과 렐프의 현상학적 공간이론을 적용할 만한 문학 텍스트를 찾고 있던 터였다. 이상화의 「나의 침실로」, 「빼앗긴들에도, 봄은오는가」, 「금강송가」, 「도쿄에서」 등의 시에 적용해보니, 딱 맞아 떨어졌다. 글을 쓰는 기쁨을 느꼈다.

「인간적 성숙과 문학적 성취-김광섭의 시」는 김광섭 탄생 100주년(2005)을 맞아 『문학사상』에 기획평론으로 썼던 글이다. 『현대문학』에 평론가로 등단할 때에 맨 처음으로 썼던 평론의 대상이 김광섭의 시였다. 그 인연으로 김광섭에 대해 28년 만에 다시 글을 쓰게 된 것이다. 이처럼 이번 평론집은 나와 크고 작은 인연으로 알게 된 시인들이 평론의 대상이 된 경우가 대부분이다.

「최근 우리 시에 나타난 모성, 원형심상」은 문학평론가 신덕룡 교수(광주대)가 『시와 사람』의 주간으로 있을 때, 청탁해서 쓴 글이지만 페미니스트로서 평소 써보고 싶었던 주제였다. 여성시인과 남성

시인의 모성(여성) 원형에 공통점과 상이점이 있다는 것은 흥미로운 발견이었다.

시평론집으로는 『탈중심의 시학』(1998)에 이어 두 번째이다. 그러니까 첫 번째 평론집 이후에 10여 년에 걸쳐서 써온 글들을 묶어 내게 되었다.

앞으로는 기회가 닿는 대로 시에 관한 논문도 쓰겠다. 현대소설 전공자로서 시에 관한 논문을 쓰는 것은 일종의 외도라고 여겨져서 자제해 왔지만 이제 굳이 그럴 필요가 있나 하는 생각이 든다. 탈장르의 시대이고, 문화의 혼종(hibridity)이 대세인 시대이다. 문학에 시고, 소설이고, 수필이고를 가른다는 것이 쓸데없는 분별이 아닐까 여겨진다.

망설이는 나에게 여러 차례 출판을 권유하신 박문사의 윤석원 사장님과 무더위 속에서 애써준 편집부 여러분들, 그리고 교정을 도와준 제자 오영이 님께 감사드린다.

2009년 여름
달맞이언덕의 서재에서
송 명 희

목 차

• 책머리에 / 03

제1부 송명희 시평론집 | 시 읽기는 행복하다

1. 이상화 시의 장소와 장소상실   11

2. 21세기 한국 현대시의 전망   37

3. 최근 우리 시에 나타난 모성, 원형심상   55

4. 인간적 성숙과 문학적 성취   83
    － 존재의 고독에서 사랑과 환희의 세계로 － 김광섭의 시

5. 성기조의 '달동네' 사랑학   101

6. 전일(全一)과 통합(統合)의 시학(詩學)   115
    － 김상훈의 시세계

7. 차한수 시의 초현실과 현실   141

8. 현실을 변주해내는 싱싱한 시의 힘   157
    － 곽문환 제 7시집 『긴 그림자는 바람이 되어』

제2부 송명희 시평론집 | 시 읽기는 행복하다

1. 연륜의 두께와 신예의 감성 — 정선기·이선형   171

2. 독자와 소통하는 연성(軟性)의 시 — 박정선   185

3. 우울한 내면 풍경과 음악적 상상력 — 류선희의 시   201

4. 절제와 거리(距離)의 시학   217
   — 류수인의 시집 『나 어디로 가나』

5. 시와 음악의 치료효과와 새로운 시적 실험   227
   — 김옥균의 『아침기도』

6. 중년여성의 시심 — 손순이·박옥수   239

7. 세계화 시대의 시인 — 김철   253

8. 영원히 사랑을 꿈꾸는 낭만주의자 — 최향숙   259

송명희 시평론집 | 시 읽기는 행복하다

제1부

1. 이상화 시의 장소와 장소상실
2. 21세기 한국 현대시의 전망
3. 최근 우리 시에 나타난 모성, 원형심상
4. 인간적 성숙과 문학적 성취
5. 성기조의 '달동네' 사랑학
6. 전일(全一)과 통합(統合)의 시학(詩學)
7. 차한수 시의 초현실과 현실
8. 현실을 변주해내는 싱싱한 시의 힘

송명희 시평론집
시 읽기는 행복하다

송명희 시평론집 | 시 읽기는 행복하다

1. 이상화 시의 장소와 장소상실

1. 공간과 장소, 그리고 장소상실

철학자 하이데거(Heidegger)는 "장소는 인간실존이 외부와 맺는 유대를 드러내는 동시에 인간의 자유와 실재성의 깊이를 확인하는 방식으로 인간을 위치시킨다"라고 했다.[1] 우리는 장소를 통하여 일하고, 휴식하고, 잠자고, 사랑하고, 싸우고, 살다 죽게 된다. 한마디로 장소란 인간의 삶이 이루어지는 곳이다. 장소란 인간실존의 근원적 중심이며, 인간은 장소에 뿌리를 내리고, 그곳을 중심으로 세계를 바라보고, 세계와 관계를 맺는[2] 존재이다. 그리고 장소에서 일어나는 인간의 경험은 대단히 복잡하며, 장소가 우리의 삶에서 차지하는 의미 또한 대단히 깊고 광범위하다.

---

1) Heidegger, "An ontological consideration of place", in *The Question of Being*, New York : Twayne Publishers, 1958, p.19.
에드워드 렐프, 김덕현 외 옮김, 『장소와 장소상실』, 논형, 2005, 25면.
2) 렐프, 위의 책, 306면.

이-푸 투안(Yi-Fu Tuan)은 이처럼 복잡다단한 인간경험들을 경험의 수준에 따라 신체의 운동범위(전방/후방, 수직/수평, 상/하, 좌/우)에서부터 방, 집, 근린, 마을, 도시, 국가, 대륙에 이르는 다양한 차원에서 기술했다. 그는 자신의 저서 『장소애』와 『공간과 장소』에서 실증주의 지리학이 간과한 풍부한 지리적 영역을 인본주의적이고 현상학적인 관점에서 예리하게 포착해냈다. 그가 말한 '장소애(topophilia)'란 인간존재가 물질적 환경과 맺는 모든 정서적 유대, 특히 장소 및 배경과 맺는 정서적 결합을 의미한다. 그에 따르면 '공간'은 움직임이며, 개방이며, 자유이며, 위협이다. 반면 '장소'는 정지이며, 개인들이 부여하는 가치들의 안식처이며, 안전과 애정을 느낄 수 있는 고요의 중심이다. 인간은 직·간접적으로, 다양한 경험을 하는데, 이러한 경험을 통하여 미지의 공간은 친밀한 장소로 바뀐다. 즉 낯선 추상적 공간은 의미로 가득 찬 구체적 장소가 된다. 그리고 어떤 지역이 친밀한 장소로서 우리에게 다가올 때 우리는 비로소 그 지역에 대한 느낌(또는 의식), 즉 장소감(sense of place)을 가지게 된다.[3]

렐프(Edward Relph)도 인본주의 지리학자이다. 그의 현상학적 장소개념은 기존의 지리학에서 설정한 장소와는 다른 차원의 범주를 갖는다. 그는 인간이라는 존재가 세계와 맺는 방식이자, 인간의 실존이 이루어지는 '생활세계'를 그의 연구대상으로 삼고 있다. 그리고 이 생활세계를 '장소'라는 공간적 범주로서 탐색한다는 점이 그의 현상학적 지리학의 특징이다. 그는 인문·사회과학 저작들을 중심으로 장소와 공간의 개념, 장소의 특성, 장소의 정체성과 그 구성

---

[3] 이푸 투안, 구동희·심승희 역, 『공간과 장소』, 대윤, 1999, 6-8면, 「역자 서문」 참조.

요소, 장소경험의 특성 등을 이론적으로 정리하는 데 많은 노력을 기울였다. 그는 인간이 살아가면서 경험하게 되는 직접적이고도 구체적인 다양한 장소와 장소경험들을 어떤 범주로 묶어 유형화 또는 개념화한 것을 공간으로 파악했다. 개념(공간)은 사실(장소)을 토대로 존재하게 되며, 사실(장소)은 개념(공간)을 통해 자신의 맥락적 의미를 확보하게 되는 관계인 것이다.

또한, 그는 장소의 정체성(identity of place)이라는 개념을 제시하는데, 이것은 장소와 장소경험의 주체인 사람과의 상호작용을 통해 만들어지는 장소라는 고유한 특성을 말한다. 장소의 정체성은 물리적 환경, 인간 활동, 의미라는 세 가지 요소의 변증법적 결합을 통해 형성되는 것일 뿐만 아니라 장소의 이미지를 통해 사회적으로 구조화된 것이기도 하다. 그는 장소, 장소의 정체성, 장소감을 구분하지만 이 세 가지는 사실 별개의 것이 아니다. 장소는 반드시 그 장소를 경험하는 인간을 내포하고 있으며, 장소의 정체성은 장소-인간의 관계 속에서 형성되는 장소의 고유한 특성을 의미하는데 이는 장소를 중심에 둔 표현이고, 장소감 역시 인간-장소의 관계 속에서 인간이 장소를 어떻게 자각하고 경험하고 의미화 하는가를 말하는 것으로서 인간에 초점을 둔 표현이라는 차이일 뿐이다. 현상학적 지리학의 입장에서는 '장소-인간'이기 때문에 장소의 정체성이나 장소감은 표현상의 차이일 뿐 본질적인 차이는 없다.

또한, 렐프는 오늘날의 장소와 장소경험의 특징을 비진정한 장소감을 불러일으키는 '장소상실(무장소성)'이라고 규정한다. 즉 산업화가 문화적이고 지리적인 획일화와 함께 산업시대 이전의 지방색이나 다양한 장소와 경관을 소멸시킴으로써 무장소성의 힘에 우리는 지배당하고 있으며, 장소감을 상실하고 있다고 보았다.4) 특히 관광객을 위한 타자지향적 장소, 도시개발을 통한 획일화와 표준화, 도시변두리의 일상경관의 획일적인 서브토피아, 전쟁 및 개발에 의한 장소 파괴, 장소의 일시성과 불안정성 등……. 매스컴, 대기업과 다국적 기업, 중앙권력, 경제체제 등은 대규모로 장소상실(무장소성)을 대량으로 파급시키고 확산시키고 있다고 렐프는 비판했다.5) 하지만 약간의 무장소성은 후기산업사회에서 볼 수 있는 것처럼 광범위한 현상은 아니지만 모든 시대, 모든 사회에 존재해 왔다고 그는 말했다.6)

여기서 중요한 것은 무엇이 장소상실(무장소성)을 유발시켰느냐 보다 장소상실(무장소성)이 일종의 태도란 점이다. 즉 세계에 대한 개방적 태도, 진정성이 아니라 세계와 인간의 가능성에 대한 폐쇄적인 태도, 바로 장소에 대한 비진정성을 말한다. 장소에 대한 진정하지 못한 태도는 본질적으로 장소감이 아니며, 그것은 장소의 심오하고도 상징적인 의미들을 인식하지 못하고, 장소의 정체성에 대한 이해도 없는, 인간이 장소로부터 소외되며, 진정한 것이 평가 절하되는 것이다. 렐프는 장소의 정체성이 비진정하기 때문에 사람들이 느끼는 장소감 역시 비진정한 것이고, 사람들이 장소를 비진정하게 느끼기 때문에 그 장소의 정체성은 비진정한 것이라고 했다.7)

이 점은 투안과의 차이로서 투안은 장소애(topophilia)에 천착한 반면 렐프는 토포포비아(topophobia), 즉 비진정한 장소경험(장소혐오)

---

4) 렐프, 앞의 책, 177-179면.
5) 위의 책, 182-245면.
6) 위의 책, 178면.
7) 위의 책, 179-184면.

에 주목한다. 투안은 장소감이라는 것이 인간의 개별성, 주체성, 능동성에 우위를 두는 인본주의적 입장에서 벗어나지 않기 때문에 현대세계의 일상적 장소경험을 틀 지우는 구조의 문제를 주요한 주제로서 다루지 않았다. 반면 렐프는 인간 개개인의 장소경험의 구체적이고 개별적인 내용보다는 현대세계를 살아가는 사람들의 장소경험의 보편적이고 일반적인 특성을 추려내고자 한다.8)

그런데 이상화로 하여금 장소상실(무장소성)을 경험하게 한 것은 기술발전에 토대한 산업화가 초래한 획일화가 아니라 일제 강점하의 식민지화였다. 즉 이상화가 느낀 장소상실은 장소(국가의 영토)의 주권을 일제에 빼앗겼기 때문에 유발된 민족적인 상실감과 비진정한 장소감이다. 따라서 본고는 렐프가 말한 장소상실(무장소성)이라는 태도를 유발하는 원인 그 자체(산업화)보다는 장소상실의 체험, 즉 비진정한 장소감이라는 경험적 측면만을 수용하여 이상화 시의 해석에 원용하고자 한다. 렐프도 장소상실(무장소성)은 후기산업사회뿐만 아니라 어느 시대 어느 사회에도 존재했다고 말한 바 있다.

소설에서의 공간은 장소와 배경 등 단순히 자연공간의 재현으로서뿐 아니라 인물의 내적 세계를 반영하는 하나의 공간 혹은 인간이 세계에 대해 가지는 비전으로 그 개념이 확대되어 왔다.9) 이러한 견해는 시 장르에 대해서도 그대로 부합된다고 할 수 있다. 즉 시에서의 공간은 시인의 내적 세계를 반영하는 하나의 공간 혹은 인간이 세계에 대해 가지는 비전으로 그 개념이 확대된다고 말할 수 있다.

---

8) 심승희, 「장소의 진정성과 현대경관」, 렐프, 위의 책, 299-324면 참조.
9) 피에르 프랑카스텔, 김화영 역, 「공간의 탄생」, 『해외문예』 1980년 봄호, 1980, 124면.

더욱이 인간은 공간과 실존적 관계에 있고, 공간에 대한 인식이 곧 삶에 대한 인식이기에 작품에 나타난 시인의 공간인식을 알아보는 것은 그의 세계관과 작품의 의미 해석에 있어 매우 중요하다.

특히 현상학적 공간론자들은 공간을 그 안에 존재하는 사람들이 구체적으로 체험하는 공간으로 간주하며, 그러한 공간이 사람들 내지 '현존재(Dasein)'에 의해 체험되는 방식을 추적한다. 현상학은 주체와 대상의 관계를 지향성으로 개념화하며, 그 지향성의 메커니즘 안에서 지향된 대상(noema)과 지향작용(noesis)을 통해 사물의 의미(작용)를 포착한다. 즉 현상학적 지향성 속에서, 혹은 해석학적 비평 속에서 공간이 체험되는 양상을 다룬다.10)

문학이 관심 갖는 시간은 외부적이고 객관적이며 기계적인 죽은 시간이 아니라 내면적이고 주관적이며 체험된 살아 있는 시간이다.11) 다시 말해 사적이고 개인적이며, 주관적이고 심리적인 시간이다.12) 마찬가지로 문학에 있어서의 공간도 물리적이고 객관적인 공간이 아니라 내면적이고 주관적이며 체험된 공간, 즉 현상학적 공간에 관심을 기울이지 않을 수 없다.

이상화는 대표작「나의 침실로」,「쌔앗긴들에도, 봄은오는가」,「도-교-에서」,「금강송가」이외에도 여러 작품들에서 동굴, 침실, 산, 들, 도시, 호수, 어촌 등 다양한 공간과 그에 대한 체험을 형상화해 냈다. 그럼에도 기존의 이상화론에서 공간에 대한 현상학적 연구에 연구자들은 큰 관심을 기울이지 않았다.13)

---

10) 이진경,『근대적 주거공간의 탄생』, 소명출판, 2001, 36-37면.
11) 송명희,『현대소설의 이론과 분석』, 푸른사상, 2006, 132-133면.
12) H. Meyerhoff, 김준오 역,『문학과 시간현상학』, 심상사, 1979, 32면.
13) 볼노브의 공간이론을 원용한 송명희의「이상화의 시에 나타난 공간 이미지

따라서 본고에서는 공간을 시적 제재로 사용한 이상화의 시를 중심으로 장소와 장소상실의 문제 등에 대해서 이-푸 투안과 렐프의 현상학적 공간이론으로 접근하고자 한다.

2. 이상화의 시에 나타난 장소와 장소상실

1) 침실, 장소화되지 못한 추상적 공간 -「나의 寢室로」

「마돈나」지금은밤도, 모든목거지에, 다니노라疲困하야돌아가려는도다,
아, 너도, 먼동이트기전으로, 水蜜桃의 네가슴에, 이슬이맷도록달려오느라.

「마돈나」오렴으나, 네집에서눈으로遺傳하든眞珠는, 다두고몸만오느라,
빨리가자, 우리는밝음이오면, 어댄지모르게숨는두별이어라.

「마돈나」구석지고도어둔마음의거리에서, 나는 두려워쩔며기다리노라,
아, 어느듯첫닭이울고-뭇개가짓도다. 나의아씨여, 너도 듯느냐.

「마돈나」지난밤이새도록, 내손수닥가둔寢室로가자, 寢室로!
낡은달은쌔지려는데, 내귀가듯는발자욱-오, 너의것이냐?

「마돈나」짧은심지를더우잡고, 눈물도업시하소연하는내맘의燭불을봐라,
洋털가튼바람결에도窒息이되어, 얄푸른연긔로쓰러지려는도다.

와 시간의식」(『비교문학』제 6집, 한국비교문학회, 1981.12.)에서 유일하게 현상학적 공간연구를 하고 있다.

「마돈나」오느라가자, 압산그름애가, 독갑이처럼, 발도업시이곳갓가이오
도다,
아, 행여나, 누가볼는지-가슴이쒸누나, 나의 아씨여, 너를부른다.

「마돈나」날이새련다, 쌜리오렴으나, 寺院의 쇠북이, 우리를비웃기전에
네손이내목을안어라, 우리도이밤과가티, 오랜나라로가고말자.

「마돈나」뉘우침과두려움의외나무다리건너잇는내寢室열이도업느니!
아, 바람이불도다, 그와가티가볍게오렴으나, 나의아씨여, 네가오느냐?

「마돈나」가엽서라, 나는미치고말앗는가, 업는소리를내귀가들음은-,
내몸에피란피-가슴의샘이, 말라버린듯, 마음과목이타려는도다.

「마돈나」언젠들안갈수잇스랴, 갈테면, 우리가가자, 끄을려가지말고!
너는내말을밋는「마리아」,-내寢室이부활의동굴임을네야알년만…….

「마돈나」밤이주는쑴, 우리가얽는쑴, 사람이안고궁그는목숨의쑴이다르
지안흐니,
아, 어린애가슴처럼歲月모르는나의寢室로가자, 아름답고오랜거기로.

「마돈나」별들의웃음도흐려지려하고, 어둔밤물결도자자지려는도다,
아, 안개가살아지기전으로, 네가 와야지, 나의 아씨여, 너를 부른다.

－「나의 寢室로」전문[14]

「나의 寢室로」(『백조』2호, 1923.9)에서 '침실'은 1인칭의 시적 화

---

14) 이상화, 「나의 침실로」, 이기철 편, 『이상화전집』, 문장사, 1982, 84-85면.

자가 마돈나와 함께 간절히 가고 싶은 곳이지만 마돈나가 오지 않음으로써 결국 도달하지 못한 공간으로 그려져 있다. 침실은 피곤을 쉴 수 있는 휴식의 공간, 뉘우침, 두려움의 정신적 긴장을 해소할 수 있는 자유롭고 평화로운 공간, 아무의 방해도 없이 두 사람의 결합을 이룰 수 있는 절대적 공간, 부활의 공간, 시간적 위협에서 해방된 아름답고 영원한 공간이란 다양한 의미를 지니고 있다. 즉 화자가 처하고 있는 현실적 억압이나 고난 저 편에 존재하는 이상적 공간으로 침실이 제시되고 있다.15) 말하자면 침실은 바슐라르가 말한 요나 콤플렉스를 충족시켜줄 내적 공간이며16), 볼노브가 말한 인간이 심층세계로 되돌아가고 존재의 근원과 하나가 되는 집의 보호적 기능이 극대화된 공간이다.17)

그런데 문제는 이 침실이 화자에게 체험되지 못한 공간이라는 데 있다. 새벽에 이르도록 화자는 "구석지고도 어둔마음의 거리에서", 즉 침실 밖에서 애타게 마돈나를 부르며 그녀가 오기를 초조하게 기다리고 있다. 따라서 침실은 휴식과 안식, 그리고 애정과 친밀성을 느낄 수 있는 장소로 기능하지 못하고 있다. 즉 투안이 말한 친밀한 구체적 장소(concrete place)로 바뀌지 못한 채 추상적 공간(abstract place)에 머물고 만다. 침실은 안전과 애정을 느낄 수 있는 고요의 중심에 있는 장소지만, 이러한 장소감(sense of place)은 경험을 통해서만 성취될 수 있는 것이다. 그리고 그 경험을 화자는 마돈나와 함

---

15) 송명희, 「「나의 침실로」의 상징구조와 수사적 기법」, 신동욱 편, 『이상화의 서정시와 그 아름다움』, 새문사, 1981, Ⅱ-69면.
16) 바슐라르, 곽광수 역, 『공간의 시학』, 민음사, 1990, 117-119면.
17) O.F. 볼노브, 「인간과 그의 집」, 새론문화문고 역편, 『열린세계 닫힌사회』, 새론기획출판부, 1981, 156면.

께하길 간절히 소망한다. 왜냐하면 마돈나야말로 화자를 피곤·불안·공포·뉘우침과 같은 정신적 긴장을 해소시켜줄 구원의 존재이기 때문이다. 그런데 이 구원의 여성이 오지 않음으로써 화자가 간절히 소망하는 장소감은 획득되지 못한다.

「나의 침실로」는 장소감의 획득을 통하여 부활과 구원에 이르기를 간절히 소망함에도 불구하고 이것을 이루지 못한 시적 화자의 초조감과 좌절을 다룬 시이다. 시적 서술의 현재 시점에서 화자는 구석지고 어두운 마음의 상태, 즉 불안과 초조에 빠지고, 환청이 들리는 등 광란 직전에 놓여 있다. 그리고 밤은 깊다 못해 날이 새려 하고 있다. 이를 알리는 다양한 시각적 청각적 이미지들-낡은 달이 빠지고, 앞 산 그림자가 도깨비처럼 다가오고, 새벽을 알리는 쇠북이 울리고, 별들의 웃음도 흩어지려 하고, 어둔 밤물결도 잦아지려 하고, 안개가 사라지려하는-은 새벽이 다가오는 데 대한 화자의 초조감과 불안의식을 반복해서 구체화한다. 날이 새려는 데 대한 불안의식은 현실을 직시하기보다는 현실로부터 도피하려는 화자의 심리를 나타낸다. 이 작품에서 주관적 시간인 밤과 객관적 시간인 새벽은 서로 대립하고 분열한다. 그리고 그 대립과 분열상에 대응하는 화자의 태도는 적대적이고 대립적인 시간인 새벽과 정면으로 대결하겠다는 적극적인 의지를 나타내는 것이 아니라 새벽을 부정하고 두려워하며 밤이라는 주관적 시간 속에 안주하려는 퇴행적 태도를 나타내고 있다.[18]

이 시에서 표현된 시적 화자의 좌절감은 개인적인 것임에도 불구하고 이것을 집단적 좌절로 해석할 개연성은 「나의 寢室로」와 연작

---

18) 송명희, 「이상화의 시에 나타난 공간 이미지와 시간의식」, 130면.

형태로 쓰여진 다른 작품들19)과의 상호텍스트성에서 찾아볼 수 있다. 「비음(緋音)-'緋音'의 서사(序詞)」의 "이세기(世紀)를 물고너흐는, 어둔밤에서/ 다시어둠을 꿈쑤노라조우는조선의밤ㅡ"이나 "나제도밤 ㅡ 밤에도밤ㅡ"과 같은 구절에서 보듯이 밤이라는 시간에는 조선의 밤이라는 집단적 의미가 내포되어 있다. 그리고 「말세(末世)의 희탄(欷歎)」의 "저녁의 피무든 동굴(洞窟)속으로/ 아 ㅡ 밋업는, 그 洞窟속으로/ 싯도모르고/ 싯도모르고/ 나는 걱구러지련다/ 나는 파뭇치이련다."에서 저녁(밤)이라는 시간은 「나의 寢室로」와 마찬가지로 동굴(침실)과 같은 폐쇄적이고 내적인 공간, 보호받고 안정된 내밀함의 이미지와 연결됨으로써 부정적이고 적대적인 현실로부터 도피하려는 심리를 상징한다.

그런데 정작 시가 표현하고 있는 것은 밤이라는 시간과 내밀한 공간으로의 도피가 이루어지지 않았다는 사실이다. 다시 말해 '침실'은 장소화 되지 못한 채 추상적 공간에 머물고 만다. 화자는 침실에 대해 휴식, 자유, 평화, 부활, 아름다움, 영원성, 사랑 등 수많은 가치들을 부여했음에도 불구하고 그 가치들을 경험하지 못한다. 즉 침실은 경험하지 못한 미지의 추상적 공간으로서 화자는 침실을 통해 친밀성과 진정한 장소감을 획득하지 못한다. 결국 「나의 寢室로」는 침실로의 도피조차 허용되지 않는 암울하고 절망적인 상황인식과 좌절의식을 반복적으로 표현한 셈이다. 즉 침실과 같은 내적인 공간으로의 도피조차 불가능한 상황을 역설적으로 드러냈다.

---

19) 「緋音」(1925.1)을 비롯하여 「末世의 欷嘆」(1922.1), 「二重의 死亡」(1923.9), 「마음의꼿」(1923.9), 「虛無敎徒의 讚頌歌」(1924.12) 등 다섯 편의 시가 「나의 침실로」(1923.9)와 함께 「緋音가온데서」의 연작으로서, 이 시들의 발표연대는 1922년 1월부터 1925년 1월까지 수년의 시차가 있지만 1922년 이전에 썼던 작품들로 추정되며 동일한 시정신을 배경으로 창작되었을 가능성이 있다.

2) 장소와 장소상실 －「쌔앗긴들에도, 봄은오는가」

지금은 남의 쌍 － 쌔앗긴들에도 봄은오는가?

나는 온몸에 해살을 밧고
푸른한울 푸른들이 맛부튼 곳으로
가름아가튼 논길을싸라 쑴속을가듯 거러만간다.

입슐을 다문 한울아 들아
내맘에는 내혼자온것 갓지를 안쿠나
네가 쓸엇느냐 누가부르드냐 답답워라 말을해다오.

바람은 내귀에 속삭이며
한자욱도 섯지마라 옷자락을 흔들고
종조리는 울타리넘의 아씨가티 구름뒤에서 반갑다웃네.

고맙게 잘자란 보리밧아
간밤 자정이넘어 나리든 곱은비로
너는 삼단가튼머리를 쌈앗구나 내머리조차 갑븐하다.

혼자라도 갓부게나 가자
마른논을 안고도는 착한도랑이
젓먹이 달래는 노래를하고 제혼자 엇게춤만 추고가네.

나비 제비야 쌉치지마라
맨드램이 들마쏫에도 인사를해야지
아주까리 기름을바른이가 지심매든 그들이라 다보고십다.

1. 이상화 시의 장소와 장소상실 23

    내손에 호미를 쥐여다오
    살찐 젓가슴과가튼 부드러운 이흙을
    발목이 시도록 밟어도보고 조흔땀조차 흘리고십다.

    강가에 나온 아해와가티
    쌈도모르고 씃도업시 닷는 내혼아
    무엇을찻느냐 어데로가느냐 웃어웁다 답을하려무나.

    나는 온몸에 풋내를 씩고
    푸른웃슴 푸른설음이 어우러진사이로
    다리를절며 하로를것는다 아마도 봄신령이 접혓나보다.
    그러나 지금은 ― 들을 쌔앗겨 봄조차 쌔앗기것네

                             ―「쌔앗긴들에도, 봄은오는가」, 전문[20]

  「쌔앗긴들에도, 봄은오는가」(『개벽』70호, 1926.6)에서 봄의 들판을 거니는 시적 화자는 밝음, 기쁨, 소생, 즐거움, 평화, 생명감, 자유, 풍요 등의 친밀하고 구체적인 장소감을 한껏 맛본다. 겨울을 보내고 봄을 맞은 들판을 시적 화자는 "온몸에 햇살을 밧고/ 푸른 한울 푸른 들이 맛부튼 곳으로/ 가름아같은 논길을 따라 꿈속을 가듯 거러만 간다." 이때의 서정적 자아가 느끼는 황홀한 장소감은 "꿈속을 가듯 거러만 간다"에서 보듯 장소와의 일체감으로 표현되고 있다.

  황홀한 장소감은 시가 전개되어 나갈수록 오감을 자극하며 구체화된다. 햇살, 푸른 하늘, 바람, 종달새소리, 보리밭, 도랑의 물소리, 나비와 제비, 맨드라미와 들마꽃, 살찐 젓가슴과 같은 부드러운 흙

---

20) 이상화, 「쌔앗긴들에도, 봄은오는가」, 이기철 편, 앞의 책, 176―177면.

등 들판의 여러 대상들은 시적 화자에게 구체적 장소감을 반복적이고 상승적으로 일깨운다. 화자는 이 들판에 대해 맨발로 밟고 노동하며 땀을 흘리고 싶은 욕망과 애착을 나타낸다. 장소에 애착을 갖게 되고 그 장소와 깊은 유대를 가진다는 것은 인간의 중요한 욕구이다.21) 이 시의 화자는 들판에서 태어나서, 자라고, 지금도 살고 있으며, 들판과 수많은 구체적인 경험들을 가졌을 것이다. 이처럼 장소와의 관계는 안정감의 근원이자, 우리가 세계 속에서 우리 자신을 외부로 지향시키는 출발점을 구성한다.22)

그런데 행복한 장소감을 압도하는 것은 그토록 애착과 친밀감을 느끼는 장소가 지금은 남의 땅이며, 그 땅을 빼앗겼고, 따라서 장소감마저도 박탈당할지 모른다는 장소상실의 위기감이다. 화자는 제 3연에서 "입슐을 다문 한울아 들아/ 내맘에는 내혼자온것 갓지를 안쿠나/ 네가 쓸엇느냐 누가부르드냐 답답워라 말을해다오."라고 장소상실의 위기감을 답답함으로 표출했다. 제 9연에서도 "강가에 나온 아해와가티/ 쌈도모르고 끗도업시 닷는 내혼아/ 무엇을찻느냐 어데로가느냐 웃어웁다 답을하려무나."처럼 자신도 모르는 사이에 봄신령이 지펴 봄을 맞은 들판에 나왔지만 정처 없이 떠도는 영혼은 지향할 바 없이 방황할 수밖에 없다고 진술했다. 화자로 하여금 봄의 들판으로부터 황홀한 장소감을 박탈하는 것은 들판의 소유권을 빼앗겨 지금은 남의 땅이 되어버린 사실, 즉 일제 식민지가 되어버린 조국이 처한 부조리한 현실에서 발생한다. 이 시에서 황홀한 장소감과 땅의 소유권에 대한 박탈감의 상충은 비극적 아이러니를 발생시

---

21) 렐프, 앞의 책, 93-94면.
22) 위의 책, 104면.

킨다.

　따라서 이 시의 화자는 장소 정체성에 대해 질문을 던지지 않을 수 없다. 장소 정체성이란 장소와 장소경험의 주체인 사람과의 상호작용을 통해서 만들어진다.23) 그런데 이 시에서는 장소의 소유권을 빼앗겼기 때문에 장소와 장소경험의 주체는 분리되어 있다. 즉 화자는 들판에서 진정한 장소 정체성을 경험할 수 없다. 그러기에 빼앗긴 장소의 소유권을 되찾아 진정한 장소감을 회복해야 한다는 당위의식으로 시적 의미는 확장되고 있다. 즉 행복한 장소감을 온전하게 향유하기 위해서는 장소(들판)의 소유권을 되찾아야 한다는 논리로 귀결되는 것이다. 이 시의 저항성은 바로 이처럼 표층적으로 진술된 의미 너머의 심층에서 진술되고 있는 더 큰 의미의 생성으로부터 우러나온다. 진정한 장소감을 박탈하는 외부의 파괴력(식민체제)에 대항하여 장소의 소유권을 되찾아야 한다는 심층적 의미 진술에서 이 시의 저항성은 명백하게 드러난다.

　따라서 이 시의 화자는 개인적 자아가 아니라 공동체적 자아, 즉 집단적 성격을 지니며, 공동체적 경험을 환기한다. 그리고 시적 화자가 위치한 장소도 폐쇄된 침실(동굴)이 아니라 개방되어 있는 들판이다. 개방된 들판은 시적 화자의 세계에 대한 개방성을 나타낸다. 이 시의 배경적 시간은 하루 중 낮이며, 계절적으로는 생명과 창조의 봄이다. 그리고 화자가 체험하는 장소감은 긍정적이고 건강하다. 즉 렐프가 말한 진정성을 보여준다. 「나의 침실로」에서 보여주던 불안과 초조, 시간에 대한 강박관념은 표출되지 않는다. 더 이상 부정적 현실과 적대적 세계로부터 도피하려는 정서에도 사로잡히지

---

23) 위의 책, 307면.

않으며, 적대적인 세계를 정면으로 응시하는 당당한 태도를 나타낸다. 그래서 시의 첫 행부터 "지금은 남의 땅—빼앗긴들에도 봄은오는가?"라는 반어적 질문을 거침없이 던질 수 있었던 것이다.

이때의 '땅'과 '빼앗긴들'은 분명 개인 소유의 땅이 아니라 일제에 의해 소유권을 빼앗긴 '국토'의 의미로 받아들여진다.24) 즉 시적 화자는 시의 첫 행부터 자신이 걷고 있는 들판이 지금은 남의 땅이며, 그 땅의 소유권을 빼앗겼다는 장소상실을 분명하게 진술했다. 그리고 봄의 들판에서 갖게 되는 장소감이 아무리 행복한 것이라고 해도, 땅의 소유권을 빼앗겼기 때문에 그 장소감을 자신의 것으로 온전히 소유할 수 없다는 장소상실을 시의 마지막 행에서 다시 한 번 강조했다. 즉 장소의 정체성 자체가 비진정성을 나타내기 때문에 그 안의 존재인 인간이 느끼는 장소감이 아무리 황홀한 것이라 해도 그것은 결국 비진정한 것이 될 수밖에 없다는 장소상실의 비극적 아이러니를 나타냈다.

이 시의 탁월성은 표층적 진술에서는 장소상실을 노래했지만 심층적 차원에서는 상실한 장소감을 완전하게 회복하기 위해서는 장소, 즉 땅의 소유권을 되찾아야 한다는 더 큰 의미의 생성, 즉 저항성을 환기한다는 데 있다. 독자들은 표층적 의미 진술 너머에서 장소상실을 회복하고자 하는 강한 저항적 의지를 읽지 않을 수 없는 것이다.

---

24) 빼앗긴 국토에 대해서는 「가장 悲痛한 祈慾—間島移民을 보고」에서 간도와 요동벌로 쫓겨가는 상황에 대한 의식을 잘 표현한 바 있다.

3) 장소와 장소감의 분리 - 「도-교-에서」

오늘이 다되도록 日本의서울을 헤메여도
나의쑴은 문둥이살씨가튼 朝鮮의짱을 밟고 돈다.

옙분人形들이노는 이 都會의豪奢로운거리에서
나는 안니치는조선의한울이그리워 애닯은마음에노래만부르노라.

「東京」의밤이 밝기는낫이다 - 그러나내게무엇이랴!
나의記憶은 自然이준등불 海金剛의달을 새로히손친다.

色彩와音響이 生活의華麗로운 아롱紗를짜는 -
옙분日本의서울에서도 나는暗滅을 설읍게 - 달게쑴쑤노라

아 진흙과집풀로 얽멘움미테서 붓처가티벙어리로 사는 신령아
우리의압엔 가느나마 한가닥길이 뵈느냐-업느냐-어둠쑌이냐?

거룩한單純의 象徵體인힌옷 그넘어사는맑은네맘에
숫불에손된 어린아기의쓰라림이 숨은줄을뉘라서알랴!

碧玉의한울은 오즉네게서만볼 恩寵바덧단朝鮮의한울아
눈물도짱속에뭇고 한숨의구룸만이흘으는 네얼골이보고십다

아 옙부게잘사는「東京」의밝은웃음속을 윈데로헤메나
내눈은 어둠속에서 별과함께우는 흐린호롱불을 넉업시볼쑌이다.

- '도-교-에서」 전문[25]

「도-교-에서」(『문예운동』1호, 1926.1)는 이상화가 1922년 프랑스 유학을 위한 프랑스어 공부 때문에 일본에 체류하던 때의 체험을 바탕으로 쓴 작품이다. 이 시에서 시적 화자는 일본의 수도 도쿄에서 오히려 조선의 땅을 그리워하는 향수에 사로잡히게 된다. 이 시는 모두 8개의 연, 16행으로 구성되었는데 1,2,3,8 연에서 일본과 조선이 대조된다. 즉 각 연의 제1행에서는 일본의 화려함을, 제2행에서는 조선의 초라함을 대조시킴으로써 조선에 대한 그리움을 강렬하게 표출한다. 제1연에서 몸은 일본의 수도를 헤매면서 꿈속에서는 조국의 땅을 밟고 도는 분열된 자아를 표현하고 있다. 제2연에서 화자는 '도회(都會)의 호사(豪奢)로운거리'와 대조적인 '조선의 한울'을, 제3연에서는 '「동경(東京)」의밤'과 대조적인 '해금강(海金剛)의 달'을 생각하며 향수에 사로잡힌다. 이 때 도쿄는 타향 또는 타국이라는 의미를, 해금강은 고향 또는 고국이라는 의미를 환기하고 있으며, 도시의 인위성, 낮과 같은 밝음은 조선의 자연, 즉 해금강의 달빛과 대조된다. 제8연에서도 '「東京」의밝은웃음'과 '별과함께우는 흐린호롱불'은 대조되는데, 즉 밝음과 흐림, 그리고 웃음과 울음으로 일본과 조선은 극명하게 대조된다.

즉 타향/고향, 타국/고국, 도시/자연(시골), 인위적 불빛/자연적 달빛, 밝음/어둠, 웃음/울음이라는 대칭구조를 통해 화자는 일본과 대조되는 고향(고국)에 대한 향수를 강하게 표출한다. 예쁜 인형들이 노니는 일본 동경의 화려한 밤, 낮처럼 밝고 호사로운 거리, 색채와 음향이 생활의 화려한 아롱사[26]를 짠 것처럼 아름답고, 예쁘게 잘사

---

25) 이상화, 「도-교-에서」, 이기철 편, 앞의 책, 139면.
26) 연한 빛깔의 작은 점이나 줄 따위가 고르게 총총히 이루어진 무늬의 비단.

는 동경의 밝은 웃음 속에 동화되지 못한 채 시적 화자는 "암멸(暗滅)을 설웁게 —달게 꿈꾸노라"처럼 소외되어 있다.

도쿄의 화려하고 아름다운 도시풍경들에 대해 마음을 열고 아름다움을 느끼고, 즐길 수 없게 만드는 근원적 소외감은 화자가 그 장소에 진정한 소속감과 장소감을 느낄 수 없는 이방인이요, 국외자인 데서 발생한다. 더욱이 시적 화자는 단순한 이방인이요, 국외자가 아니라 일본제국주의의 식민통치를 받는 피식민 조선인이라는 정체성을 갖고 있다. 그가 걷고 있는 도쿄란 공간이 조선인이라는 정체성과 분리되고 어긋나기 때문에 진정한 장소감 대신에 "암멸의 감정", 즉 비진정성과 장소상실에 사로잡힐 수밖에 없는 것이다. 그리고 조국의 산천에 대해 더욱 강렬한 향수와 장소감을 진술하게 되는 것이다. 누군들 타향과 이국에서 고향과 고국산천을 그리워하지 않을까마는 피식민 조선인이 식민본국의 수도에서 갖게 되는 향수는 더욱 강렬하고 특별할 수밖에 없는 것이다.

따라서 화자는 '동경'이 환기하는 화려하고 호사스런 이국정서에 들뜨기는커녕 오히려 문둥이 살결 같은 남루한 조선의 땅, 조선의 벽옥 같은 푸른 하늘, 흰 옷 입은 우리 민족을 강렬히 그리워한다. 시의 마지막 행에서처럼 예쁘게 잘 사는 동경의 밝은 웃음과 대조되는 별과 함께 우는 흐린 호롱불의 고국과 고향을 생각하지 않을 수 없는 것이다. 들뜬 이국정서나 여행자로서의 일탈감에 사로잡히는 것이 아니라 밝은 동경의 불빛과는 대조적인 식민지 조선의 별과 함께 우는 흐린 호롱불 생각, 즉 소외감으로 고독하고 가슴이 아픈 것이다. 이 시에서 향수(鄕愁)의 감정은 단순한 여행객의 정서가 아니다. 그것은 결코 일본에 동화될 수 없는, 즉 장소와 분리될 수밖에 없는 조선인이라는 민족적 정체성으로부터 발생하는 장소감, 바로 민족적 소외감이며 장소상실이다.

4) 장소 정체성과 장소감의 일치 －「금강송가(金剛頌歌)」

　　金剛! 너는보고 있도다－너의淨偉롭은 목숨이 업대어있는가슴－ 衆香城품속에서생각의용소슴에끄을려 懺悔하는벙어리처럼 沈默의禮拜만하는나를!

　　金剛! 아, 朝鮮이란이름과얼마나融和된네이름이냐. 이表現의배경의식은 오직 마음의눈으로만읽을수있도다. 모든것이 어둠에窒息되었다가 웃으며놀라깨는曙色의榮華와 麗日의新粹를描寫함에서－계서비로소 熱情과美의원천인靑春－ 光明과智慧의慈母인 自由－ 生命과 永遠의故鄕인默動을 볼수있으니 朝鮮이란 指奧義가여기숨었고 金剛이란 너는이奧義의 集中統覺에서 象徵化한存在이여라.

　　金剛! 나는 꿈속에서몇번이나보았노라 자연가운데의 한 聖殿인너를－나는눈으로도몇번이나보았노라 詩人의노래에서 또는그림에서너를－하나, 오늘에야 나의눈앞에솟아 있는것은 朝鮮의精靈이 空間으론 宇宙마음에觸角이되고 시간으론無限의마음에映像이되어 驚異의 創造로顯現된너의實體이여라.

　　金剛! 너는너의寬美롭은微笑로써나를보고있는듯나의가슴엔 말래야말수없는 야릇한親愛와 까닭도모르는敬虔한感謝로 언젠지어늬듯 채워지고 채워져넘치도다. 어제까지어둔사리에울음을우노라－ 때아닌늙음에쭈러진나의가슴이 너의慈顔과너의愛撫로 다리미 질한듯 자그마한주름조차 볼수없도다.

金剛! 벌거벗은朝鮮— 물이마른朝鮮에도 자연의恩寵이별달리있음을 보고 애틋한생각— 보바롭은생각으로 입술이달거라— 노래부르노라.

— 「금강송가(金剛頌歌) 1,2,3,4,5연[27]

「금강송가(金剛頌歌)」(『여명』2호, 1925.9)는 '금강산'이라는 구체적 장소를 통하여 조국애를 고취시키고, 자연의 영원성이라는 초시간적 개념으로 현실적 시간과 공간 속에서 경험하는 민족적 좌절감에 대한 극복의 이념을 제시하고 있다. 작품의 제1연에서부터 화자는 자연에 완전히 몰입된 태도를 나타낸다. 금강산에 예배드리는 태도 그 자체가 벌써 대상과 주체와의 관계가 평등한 관계가 아니라 자아를 완전히 대상에 몰입시킨 수직적 관계임을 나타낸다. 제2연의 "조선(朝鮮)이란이름과얼마나융화(融和)된네이름이냐"라고 했을 때의 금강산은 단순히 불멸성과 영원성을 지닌 자연이라는 개념을 넘어서서 조선이라는 카테고리로 그 의미가 확장되고 있다. 즉 민족의 영산인 금강산은 단순한 자연공간이 아니라 여러 가치와 민족의식의 총복합체로서 화자에게 인식되고 있다. 화자는 금강산을 통해서 '열정과 미의 원천인 청춘', '광명과 지혜의 자모인 자유', '생명과 영원의 고향인 감동'을 추구한다. 뿐만 아니라 제4연에서는 금강산의 '관미로운 미소', '야릇한 친애', '경건한 감사'를 느끼는 한편 그의 자애로운 얼굴과 애무로 엑스타시와 환희에 빠져든다. 화자가 금강산을 통하여 느끼는 경건한, 정서적 유대, 그리고 애착과 친밀감

---

27) 이상화,「금강송가(金剛頌歌)」, 이기철 편, 앞의 책, 222-223면.

은 투안이 말한 장소애(topophilia)라고 할 수 있으며, 인본주의 심리학자인 매슬로우가 말한 절정경험(peak experience)이라고 할 수 있다. 이와 같은 최고의 장소감은 시적 자아의 민족적 정체성과 장소의 정체성이 완벽하게 일치하는, 즉 민족적 진정성이 담보된 장소정체성의 발견으로부터 우러나온다.

그러나 화자는 금강산이라는 대상에 동화된 절대적 감정(일체감)을 느끼는 동안에도 "벌거벗은 조선의 운명(제 5연)"과 "조선이 죽었다(제 6연)"고 인식하는 등 민족이 처한 객관적 현실을 망각하지 않고 있다. 그리고 제 7연의 "너는 사천여년(四千餘年)의 오랜옛적부터 퍼붓는빗발과 모라치는바람에갖은위협(威脅)을 받으면서 황량(荒凉)하다"처럼 객관적 현실의식에서 자유롭지 못하다.

하지만 조선이 처한 적대적 상황에 대하여 화자는 죽은 것은 묵은 조선이며, 묵은 조선인이며, 묵은 목숨에서 곁방살이하던 인도의 신상(神像)이 죽었을 뿐이라고 부정한다. 그리고 "항구(恒久)한청춘(靑春)-무한(無限)의 자유-조선(朝鮮)의생명(生命)이종합(綜合)된너의존재(存在)는 영원(永遠)한자연(自然)과 미래(未來)의조선(朝鮮)과 함께기리누릴것이다"라고 항구한 자연과 무한의 자유, 그리고 조선의 생명이 종합된 복합체로서의 금강산이란 영원한 자연을 통해서 조선의 영원한 미래, 죽지 않는 항구한 청춘, 무한의 자유를 희구하는 심정을 표현하고 있다.

여기서 '금강산'은 자연의 영원한 순환이나 초시대적인 역사의 순환과 복합된, 나아가 민족적 정체성이 결합된 복합체를 상징한다. 자연의 영원한 순환은 불멸성에 대한 하나의 원형이다. 불멸성과 영원성은 두 가지 패턴으로 문학 속에 제시된다. 그 하나는 시간으로부터의 도피이다. 인간은 시간으로부터 도피함으로써 파라다이스로 돌아갈 수 있다. 그 예를 「나의 침실로」에서 찾아볼 수 있었다. 그리고 나머지 하나는 순환적 시간으로의 신비로운 침몰의 형태로 나타난다. 그것은 때로 자연의 영원한 순환으로 나타나기도 하고, 때로는 사계절의 순환이라는 모습으로 나타나기도 한다. 「금강송가」에서는 자연의 영원한 순환을 제시함으로써 조선이 처한 죽음의 시대를 넘어서는 불멸성을 얻으려는 태도를 나타냈으며, 「쌔앗긴들에도, 봄은오는가」에서는 계절의 순환이라는 형태로 그 태도가 나타났다.[28]

3. 결 론

이상화의 대표작들은 모두 장소와 관련을 맺고 있다. 「나의 침실로」는 '침실'이라는 내밀한 공간을, 「쌔앗긴들에도, 봄은오는가」는 개방된 '들판'을, 「도-쿄-에서」는 일본의 '도쿄'라는 도시공간을, 「금강송가」는 민족의 영산인 '금강산'이라는 자연공간을 노래했다. 이상화의 시에서 노래한 공간들은 단순한 자연 또는 물리적 배경으로서 기능하고 있는 공간이 아니라 시인의 내면세계와 세계관을 드러내는 현상학적 공간이다. 이 논문에서는 현상학적 지리학자인 이-푸 투안과 렐프의 공간이론을 중심으로 그의 시들을 분석해 보았다.

먼저 「나의 침실로」는 '침실'에의 강렬한 지향성을 나타냈음에도 불구하고 침실에 도달하지 못하는 시적 자아의 좌절을 그리고 있다.

---

28) 송명희, 「이상화의 시에 나타난 공간 이미지와 시간의식」, 136-137면.

화자는 침실 밖의 구석지고 어두운 마음의 거리에 위치하며 불안과 초조, 그리고 광란 직전의 암울한 상태에서 날이 새려는 것을 두려워하고 있다. 이 때 침실은 적대적 세계로부터 자아를 지켜주고 도피할 수 있는 내밀한 피난처로서의 의미를 띠고 있지만, 마돈나라는 구원의 여성이 오지 않음으로써 침실은 체험되지 못한 추상적 공간이 되고 만다. 즉 투안이 말한 구체적 안식처인 장소로서 기능하지 못한다.

「빼앗긴들에도, 봄은오는가」에서는 폐쇄적이고 주관적인 침실과는 달리 개방된 공간인 '들판'을 노래한다. 개방된 들판은 시적 화자의 세계에 대한 개방성을 나타낸다. 배경이 된 시간도 낮이며, 계절적으로는 봄이다. 그리고 그 들판을 체험하는 시적 자아는 황홀하고 행복한 장소감을 나타낸다. 화자는 들판에 대해 매우 특별한 애착과 친밀감을 나타내지만 문제는 시의 첫 행과 마지막 행에서 그 들판이 지금은 남의 땅이며, 더욱이 과거에는 내 것이었지만 누군가에게 빼앗겼고, 따라서 봄의 들판에서 느끼는 황홀한 장소감마저도 빼앗기게 된 장소상실을 노래하였다는 것이다. 이 시의 탁월성은 표층적 의미에서 장소상실을 노래하지만 심층적 차원에서는 상실한 장소감을 완전하게 회복하기 위해서는 장소, 즉 땅의 소유권을 되찾아야 한다는 더 큰 의미 생성, 즉 저항성을 환기한다는 데 있다.

「도-교-에서」는 일본의 수도 '도쿄'에서 느끼는 고향과 고국에 대한 향수를 노래하고 있다. 이 때 느끼는 향수는 개인적인 것이라기보다는 피식민 조선인이 식민본국의 수도에서 느끼는 국외자로서의 소외감, 민족적 소외감이다. 여기서 장소와 장소감의 분리, 즉 장소상실은 화자가 조선인으로서의 민족정체성을 갖는 한 필연적으로 발생할 수밖에 없다.

「금강송가」에서 '금강산'은 단순히 불멸성과 영원성을 지닌 자연이라는 의미를 넘어서서 민족의 여러 가치와 역사의식의 총복합체로서 인식되고 있다. 금강산에서 화자가 느끼는 절정경험은 다름 아닌 최고의 장소감이며, 시적 자아의 민족정체성과 장소의 정체성이 일치하는 민족적 진정성이 담보된 장소정체성의 발견에서 발생한다. 이것은 투안이 말한 장소애라고 할 수 있다. 이 작품에서 시인은 자연의 영원한 순환을 제시함으로써 죽음의 시대를 넘어서는 불멸성을 얻으려는 태도를 나타냈다.

이처럼 이상화는 체험공간으로서의 장소에 대한 다양한 의미추구를 그의 시에서 이루어냈다. 장소가 되지 못한 추상적 공간인 '침실', 장소의 소유권을 빼앗겼기 때문에 장소감마저 박탈당할지도 모른다는 위기감을 통하여 장소회복의 저항성을 표현한 '들판', 장소와 장소감의 분리를 통하여 피식민지 조선인이 식민본국의 수도에서 느끼는 민족적 소외감을 표현한 '도쿄', 장소의 정체성과 장소감의 완벽한 일치를 표현한 '금강산'…….

본고는 장소에 대한 분석을 통하여 시인의 내적 세계와 세계에 대한 인식, 그리고 작품의 의미를 깊이 있게 분석해낼 수 있었다. 장소란 인간실존의 근원적 중심이며, 인간은 장소에 뿌리를 내리고, 그곳을 중심으로 세계를 바라보고, 세계와 관계를 맺는 존재라는 점에서 시의 의미파악에서 장소의 중요성에 다시 한 번 주목하지 않을 수 없다.

참고문헌

이기철 편,『이상화 전집』, 문장사, 1982.
송명희,「이상화의 낭만주의적 시상에 관한 고찰」,『비교문학 및 비교문화』제 2집, 한국비교문학회, 1978. 11, 33-49면.
송명희,「이상화의 시에 나타난 공간 이미지와 시간의식」,『비교문학』제 6집, 한국비교문학회, 1981. 12, 123-146면.
_____,『현대소설의 이론과 분석』, 푸른사상, 2006.
신동욱 편,『이상화의 서정시와 그 아름다움』, 새문사, 1981.
이기철,「이상화의「나의 침실로」,「빼앗긴 들에도 봄은 오는가」해석의 제문제」,『한국시학연구』제 6호, 한국시학회, 2002, 133-152면.
이진경,『근대적 주거공간의 탄생』, 소명출판, 2001.

가스통 바슐라르, 곽광수 역,『공간의 시학』, 민음사, 1990.
에드워드 렐프, 김덕현 외 옮김,『장소와 장소상실』, 논형, 2005.
O.F. 볼노브,「인간과 그의 집」, 새론문화문고 역편,『열린세계 닫힌 사회』, 새론기획출판부, 1981, 145-161면.
이-푸 투안, 구동희·신승희 역,『공간과 장소』, 대윤, 1999.
피에르 프랑카르텔, 김화영 역,「공간의 탄생」,『해외문예』1980년 봄호, 124면.
Heidegger, "An ontological consideration of place", *The Question of Being*, New York : Twayne Publishers, 1958.

(『한국시학연구』23집, 한국시학회, 2008.12.30)

송명희 시평론집 | 시 읽기는 행복하다

2. 21세기 한국 현대시의 전망

1. 정보화 사회와 매체의 혁신

　21세기 한국 현대시에 대한 전망을 주로 매체의 혁신이라는 관점에서 접근하고자 한다. 기본적으로 이러한 관점은 문학이 정보화 사회로의 변화에 대해 위기감을 표출하기보다는 정보화 사회가 갖는 매체의 혁신을 적극 수용하여 긍정적으로 활용해야 한다는 전제가 깔려 있다. 사실 보수적인 문학계가 정보화 사회로의 변화를 찬성하든 말든 정보화 사회는 이미 도래했으며, 그 물결을 거스를 수는 없다. 글쓰기의 환경이 펜과 원고지에서 키보드와 컴퓨터로 전환된 지는 벌써 오랜 전의 일이다. 이제 활자 매체를 넘어서 전자적 글쓰기, 멀티미디어와 디지털이라는 다양한 매체를 활용함으로써 정보화 사회에 문학이 어떻게 적응할 수 있을 것인가, 나아가 활자매체의 문학을 외면하는 독자들을 멀티미디어와 디지털 표현매체를 활용한 문학의 세계로 어떻게 끌어들일 수 있을 것인가가 과제로 남겨

져 있을 뿐이다.

실로 문학에 대한 위기감은 소설과 시 등 각 장르에 널리 퍼져 있다. 문학의 위기감의 하나는 전자적 글쓰기나 새로운 매체를 자유자재로 다룰 수 없다는 데서 오는 생경함과 불편함이며, 소외감이다. 다른 하나는 다른 멀티미디어와의 경쟁에서 활자매체인 문학이 살아남을 수 있을 것인가에 대한 위기감이다. 이에 대한 대답은 한마디로 전자적 글쓰기와 멀티미디어를 적극 활용하는 방식으로 위기에 대처해야 한다는 것이다. 즉 매체의 혁신이라는 정보화 사회로의 변화 속에서 활자매체와 종이책이 주변화되지 않고, 멀티미디어와 경쟁적 배타적 관계가 되지 않기 위해서는 문학계에서 매체의 혁신을 주체적 적극적으로 수용해야만 한다.

테크놀로지는 예술과 마찬가지로 인간의 상상력을 고도로 발휘하는 것이다. 예술은 상징적인 용어로 의미를 표현하기 위해서 경험을 미적으로 배열하는 것이며, 새로운 인식 틀과 물질적 형태로 자연을 — 시공의 속성들을 — 재배열하는 것이다. 예술은 그 자체가 목적이다. 즉 그 가치가 내재적인 것이다. 테크놀로지는 효율적인 수단이라는 논리 안에서 인간의 경험을 도구적으로 질서화하고, 자연을 통하여 실질적 이익을 얻기 위해 그 힘을 사용한다. 그러나 예술과 테크놀로지는 장벽으로 서로 분리된 영역은 아니다. 예술은 그 자신의 목적을 위해 테크네를 이용한다. 테크네 역시 문화와 사회구조 사이에 사다리를 놓고, 그 과정 속에서 양자 모두를 변형시키는 예술의 한 형태이다.[1]

---

1) Daniel Bell, *The Winding Passage —Essays and Sociological Journeys*, 서규환 역, 『정보화 사회와 문화의 미래』, 디자인하우스, 1996, 57-8면.

다니엘 벨(Daniel Bell)이 말했듯이 테크놀로지도 예술과 마찬가지로 인간의 상상력을 고도로 발휘하며, 특히 예술과 테크놀로지는 장벽으로 서로 분리된 영역이 아니며, 예술이 그 자신의 목적을 위해 테크네를 이용한다는 메시지는 정보화 사회로 급속하게 사회가 재편되는 시점에서 예술가들이 경청할 만한 발언이라고 하지 않을 수 없다. 이제 문학은 테크놀로지의 변화라는 주변환경의 변화로 인해서 문학 이외의 매체들과 진정한 공존을 생각해야 할 단계에 이르렀다. 그것은 단순한 혼합이 아니라 문자언어의 표현양식의 전격적인 변모를 추구하는 패러다임 자체의 변화를 요구할 만큼의 혁명적 변화이다.

2. 멀티미디어사회와 디지털시대의 시집 출판의 새로움과 그 효과

20세기를 아날로그 시대라고 한다면 21세기는 디지털시대이다. 세계는 경이적이고 예측 불가능한 속도로 디지털 패러다임으로 변화하고 있다. 21세기에는 아날로그 시대의 종이책은 소멸하고, 전자책인 CD ROM 시집이나 멀티포엠, 사이버 공간에서의 상호텍스트성과 쌍방향의 시인인 작가와 독자가 상호소통할 수 있는 하이퍼텍스트로서의 시(하이퍼포엠), 또는 활자를 눈으로 읽는 시대에서 귀로 듣는 시대를 여는 오디오 북으로서의 시(시낭송 테이프, 또는 CD), 노래화된 시(CD)와 같은 것들만 유행할 것인가?

(1)전자 시집 — 1990년대 중반부터 종이시집에서 CD ROM시집으로의 변화는 이미 일어났다. 고려대학교 민족문제연구소에서 기획·제작된「한국의 현대시」(대한교과서주식회사, 1996)란 CD ROM 시집도 출판되었고, 월간「현대시」에서 1998년부터「현대시 씨디롬 시집」과 많은 시인들의 개인 CD ROM 시집을 출판하고 있다. 종이 시집을 벗어난 전자시집의 가장 큰 장점은 적은 부피 안에 많은 양의 시를 수록할 수 있다는 점이다. 가령,「한국의 현대시」에서는 1910년도에서 1990년도까지 한국현대시의 주류를 이루는 316명의 작품 11,000여 편의 방대한 분량의 시를 수록하고 있다.

서정주, 김지하 시인 등의 자작시 낭송과 시에 걸맞은 배경음악 및 시인 사진 등 영상정보를 제공하고 있어, 일반시집에서는 느낄 수 없는 멀티미디어 세계와의 만남을 실현시켰다. 여기에 수록된 내용을 시인별, 시집별, 시 종류별, 단어별로 검색하여 프린터로 출력할 수 있다. 특히, 11,500여 항목의 시어에 대한 풀이와 대표작을 365편에 대한 평론가들의 해설을 달아놓았으며, 작가에 대한 해설 및 시구에 대한 자세한 해설을 수록하였다. 또, 작품별 하이퍼텍스트 기능을 제공, 시어에 대한 정확한 해설과 작품에 대한 소개를 제공받을 수 있으며, 연대별 시문학사와 문예사조, 문학용어 등을 수록하고 있어, 한 편의 시를 전체적으로 이해할 수 있게 꾸몄다.

라고 그 특징을 말하고 있듯이 간편한 한 장의 CD 속에 이처럼 방대하고 다양한 정보를 수록하고 있을 뿐만 아니라 시가 음악, 사진 등과 만남으로써 그야말로 멀티미디어의 세계를 구현하고 있다. 전자시집은 멀티미디어 시대를 살아가는 현대인, 특히 컴퓨터를 통해서 세계와 접속하기를 원하며, 단조로운 종이시집을 기피하고 다양한 감각적 만족을 제공받길 원하는 멀티미디어 세대들에게 즐겁게 시와의 접촉을 가능하게 해준다는 점에서 독자를 흡수할 수 있는 가능성을 제공한다고 하겠다.

뿐만 아니라 전자시집의 편리함은 특히 연구자들에게 유용하다. 시인별, 시집별, 시 종류별, 시어별 검색이 가능하다는 것이다. 작품의 분석 이전에 수행해야 할 수료수집과 자료 찾기, 시 읽기에 드는 연구자 개인의 시간과 노력을 전자시집은 간편하게 대신해줌으로써 훨씬 더 많은 연구를 수행할 수 있도록 해준다. 그 정보량과 정보검색의 빠른 속도가 가져다주는 경제적 이득은 일일이 책장을 넘겨가며 읽어야 하는 종이책으로는 도저히 대신할 수 없이 엄청난 것이다.

(2)멀티포엠 — 멀티미디어 시대, 정보화 사회의 도도한 물결은 시의 표현방식에도 변화를 요구하고 있다. 멀티포엠은 그 구체적인 한 결과물이라고 할 수 있다.

멀티포엠 아티스트인 장경기 시인은 멀티포엠을 "멀티미디어 시대에 자연발생적인 탄생을 예상해 볼 수 있는 시의 형태, 곧 영상, 소리, 문자 등 모든 가능한 표현매체들이 한데 어우러져 빚어내는 시, 멀티매체 환경 속에서, 일찍이 시가 있어온 이래 지속되어온 시의 본질을 존중하고 계승하는 멀티적인 표현형태"[2]라고 정의하고 있다. 그는 계속해서 "시가 창작 매체면에서나 표현 방법면에서나 복합적인 형태를 취하게 되는 경향은 멀티정보사회 속에서의 자연

---

2) 장경기, 「멀티포엠의 가능성」, 『현대시』 1997년 7월호.

스런 자기변신이라고 할 수 있다. 그런 면에서 멀티포엠은 사이버공간과 실제공간이 혼재된 세계 속을 살아가는 현대인, 다중감각이 체질화되어가는 현대인을 향해서 피워올린 신예술장르인 셈이다"[3])라고 그 스스로 제작한 멀티포엠 『화언(畵言)』에서 말한다.

그는 멀티포엠 『몽상(夢想)의 피』에서 몽환적 그림들, 음울한 배경음악, 고백하듯 읊조리는 나레이션 등의 다양한 요소들을 연출하여 멀티포엠이라는 새로운 장르를 비디오 테이프 또는 CD ROM 형태로 선보이고 있다. 하지만 『화언(畵言)』에서는 "이제까지의 활자시가 불러일으켰던 인식의 무늬들보다 더 깊고 다양한 모습으로 확산되기를 의도하고 있는 것이다. 상징적인 그림들을 또 하나의 언어로 활용하여 시를 창작하고 있는 셈이다. 그럼으로써 현재 우리가 사용하고 있는 활자언어로서는 도달할 수 없는, 혹은 드러낼 수 없는 좀 더 깊고 내밀한 영역, 언어의 한계를 넘어선 영역까지도 표현하려 집요하게 상징적인 이미지들을, 미지의 어둠 속에서 끌어내고자 했다"라고 말하고 있다. 아예 활자화된 문자 시를 거부하고, 시적 이미지를 동영상이라는 시각 이미지와 사운드(sound)라는 청각 이미지로, 즉 비언어적으로 형상화된 멀티장르를 선보이며, 이를 멀티포엠이라고 주장한다. 그는 "시 창작 도구로서의 언어의 폭을 넓힌다는 점에서, 그리고 특히 시각적 이미지가 특히 중요시되는 멀티정보사회 속에서 또 하나의 새로운 언어를 만들어가고자 하는 시도의 한 결과"라고 자신의 작업을 정당화한다.

하지만 탈언어화된 멀티장르를 과연 시라고 주장할 수 있을 것인가? 적어도 그것이 시의 영역에 들어오기 위해서는 동영상이나 음

---

3) 장경기, 「장경기 멀티포엠집 畵言」, 『현대시』 1998년 10월호.

향이라는 멀티매체를 활용할 경우라도 어디까지나 그것의 주체는 활자화된 시가 되어야 한다.

(3)하이퍼포엠 — 하이퍼 텍스트로서의 문학은 주로 소설장르 즉 하이퍼 픽션이라는 관점에서 논의되어 왔다. 그러나 시의 경우에도 하이퍼텍스트는 가능하며, 이를 하이퍼포엠이라고 부를 수 있을 것이다. 하이퍼포엠도 활자, 그래픽, 동영상, 소리 등이 결합되어 있다는 점에서 멀티포엠과 같지만 멀티포엠이 플로피디스켓이나 CD ROM, 또는 비디오 테이프로 제작된 것을 독자가 일방적으로 감상하는 데 비하여 하이퍼포엠은 컴퓨터 네트워크 상에서 시인-독자와의 상호작용과 공동창작을 통해 확산될 수 있다. 그리고 저자 위주로 편집되어 있는 시집을 읽는 형태를 벗어나 독자가 원하는 항목을 클릭함으로써 컴퓨터의 모니터를 통해서 다양하게 읽고, 보고, 듣는 형태의 다감각적 감상을 할 수 있다. 여기에서 종이책이 가지고 있는 단선적 선형성은 무너진다. 하이퍼포엠은 시인과 독자의 경계가 무너진 양방향(interactive)의 시이며, 상호작용의 시이다. 따라서 토플러가 말한 생산자와 소비자의 경계가 무너진 생산소비자(prosumer)의 개념이 적용될 수 있다. 즉 독자는 시인이 제공해 주는 시를 읽기만 하는 시의 수용자(소비자)가 아니라 시의 창조자(생산자)가 될 수 있다.4)

하이퍼포엠의 가장 큰 장점은 시인과 독자의 경계가 무너지면서 독자가 시인과 소통할 수 있는 통로가 생겼다는 점이다. 그것은 "이

---

4) 송명희, 「후기산업사회에서의 시의 미래」, 『탈중심의 시학』, 새미, 1998, 23면.

미 만들어진 시(poem)가 아니라 문학형식으로서의 시(poetry)"이며, "이미 만들어진 구조를 읽는 행위로써 증명해 내려는 읽는 텍스트와는 달리, 쓰는 텍스트는 읽는 행위로써 어떤 구조물을 만들어"내는 기쁨을 향유하게 한다. 그런데 "이 같은 기쁨을 향유하는 읽기 행위는 비계기적이고 첨가 가능한 텍스트로써 구현될 수 있는 것이다. 이것은 텍스트의 단일구조가 아니라 중층구조로써 이루어질 수 있다. 즉 무한히 계속될 수 있는 언어들, 열려 있는 네트워크, 그리고 여러 개의 시작(entrances) 등을 보여줄 수 있는 텍스트로써 가능하다." 닫혀진, 즉 씌어진 텍스트를 단지 '읽는' 행위가 아니라 '다시 쓰는' 행위가 첨가됨으로써 읽기와 쓰기의 경계는 해체된다. 그리고 이것은 끝없는 치환(displacement)으로 이루어진 네트워크를 이룬다. "이상적 텍스트는 네트워크로 이루어지는 상호작용적이고 복수적인 텍스트라는, 바르트의 표현을 빌면 치환의 원리가 적용된다. 치환으로써 이분법적 경계가 해체될 때 그 텍스트는 기의의 기조가 아니라 기표의 성운(galaxy)이며, 시작이 없고, 역전될 수 있는 것이다." 5) 나아가 하이퍼텍스트는 문학의 공급과 유통에 혁명적인 변화를 예고한다. 저자-편집자-출판인-인쇄인-공급인-소매인-독자라는 순서가 저자(발신자)-양방향적 참여자(수신자)로 축소되는 것이다.6)

그런데 하이퍼포엠의 경우뿐만 아니라 전자시집과 멀티포엠의 경우에도 그것의 제작을 일일이 떠맡을 수 있는 제작능력이 있는 시인

---

5) 황순재, 「통신문학, 개척되는 문학의 영토」, 『오늘의 문예비평』 25호, 1997년 여름, 81-2면.
6) 정형철, 「하이퍼픽션이란 무엇인가」, 『오늘의 문예비평』 26호, 1997년 가을, 48면.

은 거의 없다. 가령, 멜티포엠 아티스트 장경기씨는 시인이면서 연극영화과 출신이며, 그림도 했기 때문에 멀티포엠을 직접 제작할 수 있지만 일반적인 경우, 시인이 제작의 전 과정을 직접 수행하기는 매우 어렵다. 문제는 활자시집을 출판하는 출판사 대신에 전자시집, 멀티포엠을 제작 공급하는 제작사가 필요해졌다는 사실이다. 실제로 「월간 현대시」는 그와 같은 제작을 이미 시작했다.

(4) 오디오시집, 그리고 MP3 ― 현재 시낭송 테이프, 시에다가 곡을 붙여 노래로 만든 'Book-CD'『아무도 슬프지 않도록』(현대문학북스, 2000)이 시중에 나와 있다. 이처럼 듣는 시의 형태는 앞으로 더 나올 수 있으리라고 생각한다. 또한, 인터넷상에서 MP3로 다운받아서 듣는 음악이 있듯이 앞으로는 인터넷의 시사이트에서 취향대로 다운받아 휴대하고 다니며 듣는 시의 가능성도 고려할 수 있다.

하지만 아무리 전자시집 등이 널리 퍼진다고 하더라도 종이시집은 특별한 인터페이스(interface) 없이도 언제든지 어디서든지 휴대가 가능하다는 점에서 공존하게 된다. 과도기적 형태로 종이시집이 공존하는 것이 아니라 영원히 전자시집과 종이시집은 공존할 것이다. 따라서 종이시집보다 멀티포엠이나 하이퍼포엠이 우월하다는 평가는 쉽게 단언할 수 없다. 그것은 개인의 취향의 문제일 수 있으며, 모든 독자가 단순히 읽기 행위를 넘어서서 다시 쓰기 등의 참여행위, 첨가행위를 좋아한다는 보장도 없으며, 능력도 없다.

사이버 상에서 시인과 독자가 대화하고 소통할 수 있는 길이 열린 것은 바람직하지만 그런 적극적 소통을 원하는 독자보다는 그저 익명의 수동적인 독자로 남고 싶은 독자가 대부분일 것이다. 뿐만 아니라 시 쓰기를 마친 모든 시인이 자신의 창조물인 시를 전자게시판에 게재하는 차원을 넘어서서 미완의 열린 텍스트로 인터넷상에 게재하여 놓고 평론가도 아닌 ID만을 가진 익명의 독자에 의한 첨가행위를 하기를 원하는 시인은 그리 많지 않을 것이다. 그것이 시를 읽고 난 후에 쓰는 독후감이나 감상문 정도를 게재하는 것이라면 몰라도 시인은 자신의 창조자로서의 권위를 결코 침해당하길 원치 않으리라 본다.

따라서 시인은 예전이나 지금이나 치열한 시정신으로 시를 쓰면 된다. 그런 의미에서 복거일이 "책에 담기든, 콤팩트 디스크나 마그네틱 테이프에 담기든, 시는 시고 소설은 소설이다"[7]라고 한 말은 매체의 환경이 달라졌다고 해서 문학의 본질이 달라지지 않는다는 의미에서 설득력이 있는 발언이다.

3. 문학의 위기 – 대중적 감수성에 호소할 수 있는 시

특히 시 장르의 경우, 이미 오래 전부터 문단 안에서 돌려 읽고 마는 장르로 인식되어 왔다. 문학 장르내에서도 소설과 비교해 볼 때에 경쟁력이 별로 없는 장르가 시이다. 하지만 자본주의 사회는 시를 예술의 영역에서 문화상품의 영역으로 바꾸어 놓음으로써 1980년대부터 우리 사회는 단기간에 몇 십만 부가 팔리는 도종환, 서정

---

7) 복거일, 「전산통신망 시대의 문학하기」, 『문예중앙』 1995년 가을호, 36면.

윤, 김초혜의 시집 등 대중성 짙은 베스트셀러 시집이 출현하는 특이한 문화적 현상이 나타났음에 주목할 필요가 있다. 물론 이것은 소설 장르와 비교해 볼 때 베스트셀러 소설이 200만 부씩 팔리는 밀리언셀러가 되고 있는 것과는 상당한 차이가 있다. 하지만 시집이 수십만 부씩 팔린다는 일은 과거에는 상상할 수 없었다. 이와 같은 시 장르에 대한 선호는 다른 나라에는 없는, 한국적 현상이라는 데에 우리의 시인들은 희망을 걸어야 한다고 생각한다. 그리고 요즘처럼 '삼행시 짓기'와 같은 것이 유행하는 현상도 고무적이다.

문학작품이 예술의 영역을 넘어서서 독자라는 소비자가 사서 읽는 문화상품으로 그 성격이 변화되었다면, 시인은 당연히 대중의 취향이라는 것을 무시할 수는 없다. 일본의 사에구사 도시카쓰(三枝壽勝)는 "팔리는 작품을 써야 한다. 컴퓨터, 멀티미디어 등 정보화 도구를 적극적으로 이용해야 한다. 문학의 관념적 정의는 별로 도움이 안 된다"[8]라고 했다.

이제 시의 영역에 과거처럼 순수시와 참여시의 양분된 이분법이 존재하는 것이 아니라 예술성과 상품성이라는 이분법이 존재하며, 이것은 거의 양극화 현상을 빚고 있다. 소녀취향의 센티멘털리즘에 영합한 낙서인지 광고 카피인지 구분할 수 없는 시들이 출판시장을 휩쓸고 있는 상황에서 그나마 대중성을 확보하면서도 일정한 시적 예술성을 성취하고 있는 시야말로 한국 현대시가 모색해야 할 모델이 아닌가 한다. 이제 시인들은 자신의 주관적 정서를 표현하는 시를 넘어서서 독자가 시를 즐기면서 이해할 수 있는, 즉 영혼의 울림과 삶의 깊이를 표현하면서도 난해하지 않게 즐길 수 있는 시를 써

---

8) <조선일보> 2000년 11월 1일자 21면, 김광일 기자와의 인터뷰 기사.

야만 한다. 그래야만 시가 구시대의 유물로서 박물관에 진열될 신세를 면하게 될 것이다.

1980년대부터 한국시는 대중시라는 새로운 영역을 개척했다고 생각하는데, 1980년대의 도종환, 서정윤, 김초혜 등과 1990년대의 류시화, 정호승 등이 그 대표적인 시인들이라고 할 수 있다. 이들은 문단의 정식 등단절차를 밟았으며, 시인으로서 일정한 창작기간을 가진 시인들로서 시적 서정과 대중적 호소력을 결합시켜 상업주의적으로 시를 성공시킨 드문 경우이다. 어쩌면 이들은 문화상품으로서 시가 지향해야 할 길이 무엇인가를 잘 보여주었다고 할 수 있다. 실로 모든 상품 제작자는 소비자들의 기호에 맞는, 구매력이 높은 상품을 만들기 위해 고심한다. 앞에서 열거한 시인들은 대중들의 시적 취향과 기호를 파악하는 데 성공한 시인들이라고 할 수 있다. 시가 서점에서 팔리는 문화상품이 된 이상 시인 자신의 개인적 기호에 맞는 자기표현만의 시는 상품가치가 없다. 시인들은 당연히 독자와 공유할 수 있는 시적 서정과 표현의 개발에 고민해야 한다. 도종환, 서정윤, 김초혜 등이 표현한 1980년대적 시적 서정은 사랑과 센티멘털리즘이었다면, 류시화, 정호승 등이 피어올린 1990년대의 시적 서정은 사랑과 외로움과 같은 인간보편의 정서를 바탕으로 한 잠언적 성격과 명상적 분위기라고 할 수 있다. 그리고 이들은 지나치게 난해하지 않은 대중성을 통해서 폭넓은 독자층의 확보에 성공하고 있다. 특히 『슬픔이 기쁨에게』, 『서울의 예수』 등을 썼던 정호승이 『사랑하다 죽어버려라』 이후 『외로우니까 사람이다』, 『눈물이 나면 기차를 타라』 등에서 보여준 변신은 놀랍다.

하지만 시의 대중화가 반드시 바람직한 것만은 아니다. 그 한 예로 원태연을 들 수 있다. 그는 1971년생으로 문단에 정식으로 등단한 적이 없는 시인이다. 그는 『원태연 알레르기』, 『넌 가끔 가다 내 생각을 하지 난 가끔 가다 딴 생각을 해』, 『눈물에 얼굴을 묻는다』 등의 여러 권의 시집을 발간했다. 1994년에 영학출판사에서 처음 발간된 『원태연 알레르기』는 1999년에 21쇄를 기록함으로써 스테디한 베스트셀러 시집으로 기록될 만하다.

    미국애들은
    생각도 영어로 하겠지
    얼마나 좋을까
    씨팔

- 「영어 II 재수강」 전문

  하지만 원태연의 시적 성취는 「영어 II 재수강」에서 보듯이 낙서와도 같은 직정적 감정표출에 불과하다.
  최근 잘 팔리는 시집 가운데 하나는 이정하의 시집이다. 그는 『우리 사랑은 왜 먼 산이 되어 눈물만 글썽이게 하는가』, 『너는 눈부시지만 나는 눈물겹다』, 『그대 굳이 사랑하지 않아도 좋다』, 『한 사람을 사랑했네』 등의 시집을 지난 10년 사이에 발간했다.

    함께 가고 싶지만
    당신은 언제나 저만치 가고 없습니다.

    가만히 손을 흔들다
    나는 까닭 모르게 눈물이 났습니다

- 「길」 전문

이정하의 시적 화두는 사랑과 이별이다. 그의 시는 마치 사춘기 소녀 취향의 센티멘털리즘에 지배되어 있다. 그리고 그 점에서 독자들의 큰 호응을 받는다.

따라서 일정한 시적 수련을 쌓은 시인들이 기본적인 시적 세련성 위에 대중적 호소력을 가진 시를 씀으로써, 시라는 장르를 생존 가능한 장르로 만드는 데 관심을 가져야 한다고 생각한다. 잘 팔리는 시집이 반드시 시적 함량이 떨어지는 것이 아니라 잘 팔리는 시집이 시적 성취도 뛰어나다는 평가를 받는 것은 결국 시인의 몫이라고 생각한다.

4. 디지털 시대일수록 아날로그 시정신의 요청된다
― 생태시 · 명상시 · 불교시의 미학과 서정

디지털은 숫자라는 디지트에서 유래한 것이며, 아날로그는 '비슷한, 유사한'이란 뜻을 가진 말로, 자연의 모습을 그대로 나타낸다 하여 유래했다. 흔히 디지털의 속성은 통합성과 광속성이라고 한다. 문자, 영상, 음향 등 모든 형태의 정보를 디지털이라는 단일한 언어로 표현할 수 있고, 이를 빛의 속도에 버금가는 빠른 속도로 세계 어느 곳이든지 보낼 수 있다. 이것이 디지털의 유일무이한 잠재력이다. 그러나 다른 측면에서 보면 디지털 부호로 전환하기 이전의 문자, 영상, 음향은 누가 어떻게 만들 것인가에 대한 진지한 고민은 없다. 이 디지털화 이전의 창작물이 바로 아날로그의 영역이다. 아날로그는 속도에 크게 연연하지 않는다. 깊은 사색과 창의력이 아날로

그의 가장 큰 무기이다. 이런 점에서 보면 속도와 유연성이 중시되는 디지털 시대에서 아날로그는 철저하게 구식이다. 그러나 이런 구식의 아날로그 시대의 정보(지식) 축적과 창의력으로부터 디지털이 나온다. 곧 음악이 있어야 디지털 음악이 있고, 영화가 있고 난 후에, 아니 영화 이전에 소설의 서사가 있어야 영화가 생겨나고, 그 다음에 디지털 비디오가 존재한다. 우리 시대와 사회는 디지털의 속도를 따라잡고 디지털의 테크닉을 익히는 일만큼이나 아날로그적 창의력을 높이는 일이 중요하다. 디지털은 아날로그를 구식이라고 몰아붙이고 청산해야 할 악덕으로 여겨서는 곤란하다. 이 둘은 짝을 이루면서 균형을 확보해야 한다. 이 둘은 상호배타적인 관계가 아니라 상호보완적인 관계가 되어야 한다. 아니 디지털의 외형 속에 내용은 아날로그가 되는 것이 바람직하다. 그 디지털의 정신은 느림의 미학이라고 표현해도 좋을 것이다.9)

  사회환경이 디지털화해 가는 21세기의 시에서 아날로그의 정신은 더욱 필요할 것이다. 가령, 생태환경시, 명상시, 잠언시 등이 그것이다. 우리에게는 정보화시대의 비인간화와 몰개성을 비판하고 그 대안으로서 아날로그의 정신과 느림의 미학을 표현하는 시 쓰기가 필요하다. 그것이 디지털시대를 살아가는 현대인에게 시가 줄 수 있는 위안이며, 인간성 소외로부터 인간성을 옹호할 수 있는 길이다.

---

9) '현대인재개발원' 인터넷 검색 자료.

5. 좌도 우도 아닌 제 3의 길 - 모더니즘과 리얼리즘, 나아가 포스트모더니즘까지 벗어난 제 3의 새로운 시가 출현해야 한다.

영국이 낳은 세계적인 석학 앤서니 기든스(Anthony Giddens)가 쓴 세계적인 명저『제 3의 길(The Third Way)』은 좌우 이념 대립의 역사가 끝나면서 공허해진 세계의 지식인을 향해 새로운 비전과 상상력을 제공하는 제 3의 길을 역설했다. 그 제 3의 길은 동시에 1970년대 말까지 산업국가를 지배했던 '복지에 대한 합의'의 파괴와 마르크스주의에 대한 돌이킬 수 없는 불신으로 점철된 세계를 독특한 정치이념으로 또는 실천적인 정책으로 기능할 수 있을 것인가를 모색한다.

탈냉전의 세계적인 추세 속에서 좌우대립의 냉전적 유습을 청산하지 못한 채로 유일하게 남아 있던 국가가 우리나라였다. 2000년 6월 15일에 역사적인 남북정상회담을 개최하고도 통일이란 민족적 명제를 놓고 유감스럽게도 남남갈등이라는 남한 내부의 갈등을 청산하지 못하고 있는 것이 저간의 실정이다. 너무 급격히 남북화해 시대를 맞아 당황해 하고 있는 시대적 배경하에서 제 3의 길은 우리의 사회뿐만 아니라 현대시의 나아갈 길에도 시사하는 바가 매우 크리라고 생각한다.

시(문학)에서 제 3의 길은 좌우의 이데올로기의 대립을 넘어선 탈냉전과 화해와 통일의 시정신을 의미한다. 또한, 모더니즘과 리얼리즘의 이분법과 포스트모더니즘까지를 넘어선 새로운 시의 길을 의미한다. 그 제 3의 길을 어떻게 열어갈 것인지가 2000년대 한국시의

핵심적 과제로 떠올랐다.(『백양인문논총』 6집, 신라대학교 인문과학연구소, 2001.2)

3. 최근 우리 시에 나타난 모성, 원형심상

1. 원형과 모성

C.G.융(Jung)은 인간의 심리상태와 상징작용이 개인의 경험에 국한된 문제가 아니라고 보았다. 즉 사회와 집단 종족의 심층심리에 닻을 내린 집단 무의식의 이론이다. 어떤 의미에서 개인적인 무의식을 결정하고 지배하는 것은 집단 무의식이다.

C.G.융에 따르면, 인간의 마음은 자신이 알고 있는 마음과 모르고 있는 마음이 있다. 즉 마음은 의식(consciousness)과 무의식(the unconscious)으로 이루어지며, 무의식은 개인적 무의식과 집단적 무의식으로 구분된다. 의식과 무의식을 막론하고 인간의 정신은 심리학적 복합체, 즉 콤플렉스로 이루어지며, 이 가운데 집단적 무의식을 구성하는 복합체를 일컬어 원형(archetype)이라고 부른다.

원형은 인간정신의 보편석이며 근원적인 핵이며, 보편적이고 반복적인 체험을 시공을 넘어 항상 재생할 수 있는 인간 속에 있는 가능성이며, 동시에 그런 가능성을 지닌 틀이다. 그런데 원형은 단순한 지적인 개념이 아니라 미증유의 에너지를 방출할 수 있는 능력으로, 이 에너지는 감동, 공포 등의 강렬한 정동반응으로 나타난다. 또한, 원형은 근원적이면서 보이지 않는 의식의 뿌리를 지칭하는데, 여기서 '보이지 않는다'는 것은 원형과 집단 무의식과의 상관관계를 의미한다. 원형은 보이지 않는 의식의 뿌리이기 때문에 직접 파악할 수 없지만 원형의 내용은 어떤 심상으로 나타나게 된다. 따라서 원형은 심상을 통해 어렴풋이 짐작할 수 있다.[1]

문학에서 원형은 개인적 관념의 세계를 초월하는 보편적 상징이나 심상을 지칭한다. 신화비평, 원형비평은 신화적 요소, 즉 원형이 시와 문학작품 속에 어떻게 내재되어 있는가를 분석 검토하는 데에 목적을 두고, 그것이 기본 신화요소와 어떤 상관관계를 가지는가도 살핀다. 즉 시와 문학작품 내의 원형적 유형을 밝히려는 데에 궁극적 목적을 두며, 그 유형들이 실제작품의 형태나 문체, 효과에 어떻게 관계되는가를 밝힌다.[2]

본고의 주제인 모성성과 관련한 원형적 여성(훌륭한 어머니-생의 신비, 죽음, 환생)은 W. 게린(Guẽrin)의 원형적 심상의 유형별 정리에 의하면 셋으로 나누어진다.[3]

  a) 훌륭한 어머니(대지의 어머니의 적극적 양상) : 생의 원리, 탄생, 포근함, 양육, 보호, 다산, 성장, 번영(보기, 희랍·로마 신화에

---

1) 이부영, 『분석심리학』, 일조각, 1979, 83-97면 참조.
2) 김용직, 『현대시원론』, 학연사, 1988, 317면.
3) Wilfred Guérin(et al), *A Handbook of Critical Approaches to Literature*, New York: Harper and Row,1979.

나오는 농업, 풍요, 결혼의 여성 데모텔, 케레스 등).
　b)무서운 어머니(대지의 어머니의 부정적 양상) : 무당, 여자 마법사, 마녀, 매춘부, 요부 - 관능성, 성적인 방종, 공포, 위험, 암흑, 해체, 거세, 죽음, 을씨년스런 상황에서의 무의식.
　c)영혼의 동반자 : 예지의 상, 성모 마리아, 공주, 요조숙녀, C.G. 융의 아니마와 비교되는 것으로 영감, 또는 영적인 성취의 화신.

여성 원형상은 여러 가지 상징으로 나오는데, 여신, 선녀와 같은 인격적인 상(像, imago)뿐 아니라 모든 여성성의 원초적 상 속에서 여성 원형상을 발견할 수 있다는 것이다. 즉 나무와 바위와 물, 대지와 산이 생성상징으로서의 여성 원형상일 수 있고, 구렁이, 곰과 같은 동물상이 여성적 리비도의 상징일 수 있다.
C.G.융은 모성(母性)이란 '현실의 어머니'가 아니라 모성원형에 관련되는 보편적인 인류의 모성적 심리 또는 모성본능, 그 산출력, 인내성, 포용력, 양육과 보호의 본능, 예시적 기능, 기다림, 영원성과 같은 긍정적 특징과 뜨거운 파괴적 야성, 마취성, 질식할 듯한 독점욕 등의 부정적 특징을 모두 지니고 있다고 보았다. 그런 의미에서 모성 역시 심리적 복합체인 모성 콤플렉스를 가지게 된다.4)
여성적 원리란 받아들이는 것, 키우는 것, 가꾸는 것이다. 그리고 그것은 남을 교화하기에 극성을 부리는 것이 아니라 스스로의 그림자를 응시하며 이를 관조하는 내성(內省)이며, 이러한 태도를 가능하게 하는 지혜이다. 그것은 행동하고 개혁하고 조직하고 과시하고 시위하고 따지는 깃이 아니라, 정좌(靜坐)히어 침묵 속에서 스스로의

---

4) 이부영, 앞의 책, 211면.

모습을 들여다보는 태도이다. 그것은 지적인 분석이 아니라 정적인 공감의 세계이다.5)

그런데 C.G.융은 남성의 무의식 속에 내재하는 여성적 경향인 아니마(anima)와 여성의 무의식 속에 내재하는 남성성(animus)과 같은 외적 인격(persona)에 대응하는 내적 인격이 존재한다고 보았다. 아니마는 수동성과 감성적 측면, 아니무스는 적극성과 이성적 측면을 지니고 있는데, 이런 측면을 지닌 내적 인격이 잘 통합되어 있는가 안 되어 있는가에 따라 부정적, 긍정적 아니마 혹은 아니무스가 될 수 있다.6)

아니마와 아니무스는 원형이지만 무의식의 원형 중에서 특수한 원형이어서 자아의식을 무의식의 심층, '자기'에로 인도하는 인도자, 또는 매개자의 역할을 하게 된다. 그러므로 아니마, 아니무스의 인식을 통한 인격의 통합과 분화는 자기실현의 중요한 과제가 된다.7)

본고도 편집자의 요청대로 원형비평의 관점에서 씌어진다. 즉 개별 시인들에게 나타나는 개성적인 모성의 심상을 살피려는 데에 목적이 있는 것이 아니라 그들의 시에 나타나는 개성을 넘어서는 집단성, 개인적 무의식을 넘어서는 모성의 집단성을, 즉 모성의 원형을 '발견'하려는 데에 목적을 둔다. 하지만 C.G 융이 말한 원형이 그의 이론 내부에서도 융통성이 큰 것이며, M.엘리아데(Eliade)가 지적했듯이 원형은 초시대성, 반복성과 함께 갱신력(쇄신력) 또한 존재하기 때문에8), 원형의 의미를 고정된 틀이라는 한정된 의미로 사용하

---

5) 이부영, 앞의 책, 339면.
6) 이부영, 「한국민담 속의 여성원형상」, 김열규 외, 『한국여성의 전통상』, 민음사, 1985, 77-8면.
7) 이부영, 『그림자』, 한길사, 1999, 44면.

지는 않는다.

2. 여성시인의 경우

신달자가 최근에 펴낸 『어머니, 그 삐뚤삐뚤한 글씨』(2001)는 '어머니' 연작시로서, 시인 개인의 체험적이고 구체적인 어머니를 넘어서는 원형성을 내포하고 있다. 시인 자신이 서문에서 밝히고 있듯이 "이상하게도 어머니는 살아 계시거나 돌아가시거나 상관없이 내 옆에 내 안에 계신 것을 나는 안다"에서 보듯 '어머니'는 이미 시공과 생사를 뛰어넘고, 개인적 체험을 뛰어넘어 재생 가능한 근원성을 내포한 존재임이 드러난다.

「어머니의 땅」은 모성의 대지성, 그리고 그 대지성이 내포한 헌신과 희생의 모성 원형을 노래한다. 시인은 어머니를 "사람 중에 가장 힘센 사람"으로 지칭한다. 그러나 어머니의 힘은 남성적인 공격적 힘이 아니라 수억 천 년 동안 아들과 딸을 살게 해온 살림의 힘, 양육의 힘이다. 그리고 인류는 우주창생 당시부터 대모적(the Great Mother) 여성의 위대한 희생과 양육의 힘에 의해 그 생명이 키워지고 유지되어 왔다.

　대지진이었다
　지반이 쩌억 금이 가고

---

8) Mircea Eliade, *The Myth of the Eternal Return*, tras, by Willard R. Trask, New York, Pantheon Books, 1954.

세상이 크게 휘청거렸다
그 순간
하느님은 사람 중에 가장
힘센 사람을
저 지하층 층 아래에서
땅을 받쳐들게 하였다
어머니였다
수억 천 년 어머니의 아들과 딸이
그 땅을 밟고 살고 있다.

― 신달자의 「어머니의 땅」 전문[9]

　긍정적인 대모적 원형상은 「어머니와 바다」에서도 반복된다. 상부는 하늘이고 이성과 정신적인 것의 좌(座)이며, 하부는 대지이고 모성적, 본능적, 신체적인 것의 자리이다.[10] 하늘 또는 하느님은 남성원리로, 땅은 모성 내지는 여성원리의 이미지로 그려지고 있다.

바다 속에는
숫자 위의 숫자
몇 천억조의 어머니가 계시고

어머니 안에는
지구 안의 바다라는 바다는
모두 밤낮을 출렁이며

---

9) 신달자, 『어머니 그 삐뚤삐뚤한 글씨』, 문학수첩, 2001, 인용되는 시는 모두 이 시집에서 인용함.
10) 이부영, 『분석심리학』, 283면.

3. 최근 우리 시에 나타난 모성, 원형심상

생명을 싸안는
양수로 가득하고

— 신달자의 「어머니와 바다」 전문

이 시는 W. 게린이 분류했던 여성원형 가운데서 훌륭한 어머니(대지의 어머니의 적극적 양상), 즉 생의 원리, 탄생, 포근함, 양육으로서의 모성 원형을 노래하고 있다. 바다의 물과 어머니 자궁의 양수는 동가성을 띤 창조와 생의 원리이며, 생생력의 상징이다. 이 시에서 바다의 이미지는 모든 생의 어머니, 우주만물이 비롯되고 생성되는 원천으로서의 원형적 심상이다.

신화적 원수(原水)로서의 물의 이미지는 「당신은 물— 아, 어머니·21」에서도 반복된다.

어머니 당신은 물로 기억됩니다.
자궁 속의 생명수는 절 보듬어 키우고
평생 흘리신 눈물이며 땀방울
저 사람 돼라 쏟아 부으시고
밤마다 떠놓은 정화수 한 그릇
이 밤의 어둠을 물리고 있습니다

— 신달자의 「당신은 물— 아, 어머니·21」 전문

인간의 생명을 탄생시키고 보호하고 키우는 양수는 다시 어머니의 자식을 향한 정성과 헌신과 희생의 상징인 '눈물', '땀방울', '정화수'로 모양을 바꾸어 헌신과 희생의 삶을 살아가는 모성원리를 표현한다. '물'은 생명의 원천, 구원한 생명의 모태를 표상하는 보편적 상징11)이요, 모성원리를 표현하는 원형적 심상이다.

 모성이 긍정적 특징과 부정적 특징을 모두 지닌 심리적 복합체이 듯이 '양수'는 생명의 원수(原水)로서의 이미지와 죽음의 이미지란 양가성을 띠고 있다. 나희덕의 시「갠지스 강가에서」는 죽음에 지배된 양수의 이미지를 보여주고 있다.

> 양수 속에서 산을 오르고 강을 건너고 길을 잃었다
> 밥을 떠 넣고 아기를 낳고 한숨을 쉬고
> 시를 쓰고 버스를 기다린 것도 양수 속에서였다
> 버스는 나를 멀리 데려가곤 했지만
> 버스 차장에 맺힌 빗방울, 나를 적신
> 모든 물이 양수였다 나는 아직 태어나지 않았다
>
> (중략)
>
> 배들은 기슭 저편에 닿지 못하고 되돌아왔다
> 탯줄과도 같은 지상의 길들 어디선가 끊어지고
> 양수는 점점 핏빛이 되어갔다 아무도 태어나지 않았다
> 시체 태우는 연기 자궁 속에 자욱했다
>
>   — 나희덕의「갠지스 강가에서」의 제 1연과 마지막 연 12)

 화자에게 무릇 모든 물은 생명의 원수인 양수로 인식된다. 화자인 개인 '나'의 탄생 이전부터 그래왔던 것이다. 인도인에게 특별한 종

---

11) Otto Rank, *The Myth of the Birth of the Hero*, Philip Freund, ed., New York, 1953, p.74.
12) 장석남 외,『7대문학상 수상시인대표작』, 작가정신, 1999, 88면.

교적 상징성을 띠고 있는 갠지스강이야말로 커다란 자궁이다. 그 갠
지스 강물은 "자궁 속에서 몸을 씻는 사람들/ 자궁 속에서 시체를 태
우는 사람들"에서 보듯 더러워진 몸을 씻는 정화작용과 '시체'로 구
체화된 추악한 죽음에 이르는 모순적인 양가성을 포용해왔다. 하지
만 현재 시인의 눈에 비친 갠지스강은 위대한 대모신으로서의 신화
적 기능들을 모두 잃어버리고 "양수는 점점 핏빛이 되어갔다 아무도
태어나지 않았다/ 시체 태우는 연기 자궁 속에 자욱했다"처럼 죽음
에 지배되어 있다. 갠지스강은 더 이상 사람들을 피안의 언덕으로 데
려가지도, 생명을 탄생시키지도, 영혼을 정화시키지도 못한 채로 죽
음의 강물로 변질되어 버렸다. 더 이상 새로운 생명을 탄생시킬 수
없는, "시체 태우는 연기"만이 자욱한 불모의 핏빛 강물, 신화적 생
생력을 상실한 강이 되고 만 것이다. 재생, 탄생, 정화와 같은 긍정적
물의 이미지를 상실하고, 불모와 죽음의 단일한 이미지로의 변질은
우리 시대 전체의 긍정적 모성성의 상실을 의미하는 것으로 읽혀진다.

    그 곧은 정신
    나라 위해 만세를 불렀으면
    유관순이 되었을
    그 타는 열정
    시에 받쳤으면
    황진이가 되었을
    식구를 위한 밥 한 솥에
    목숨을 건
    그 평범한 순교는
    아무 곳에도 이름지기 없다

어머니 우리나라 어머니

― 신달자의 「순교자」 전문

　이 시의 "한 식구를 위한 밥 한 솥에/ 목숨을 건/ 그 평범한 순교"라는 구절은 여성의 사회적 역할과 활동을 인정하지 않았던 지난 시대의 어머니에게 오로지 허용되었던 가정적 역할을 단적으로 보여준다. 한마디로 어머니는 밥상을 차리는 존재였던 것이다.
　여성에게는 사회와 국가보다는 가정이 중요하고, 추상적인 이념이나 학설, 보편적인 진리보다는 구체적인 개인의 감정이 중요하며, 또한 여성의 의식은 극도로 '개인적'이다. 그것은 조용하고 산출력 있는 대지와 같은 것[13]이라고 말해지고 있지만 과연 그럴까? 원형 이론이 보여주고 있는 이런 이분법적 체계는 남녀의 역할을 공(公)과 사(私)로 분리해온 성차별주의의 영향은 아닐까? 사회를 위해 헌신하고 자아실현을 도모한 여성들의 이름자는 역사 속에서 빛나지만 한 가족을 위해 순교한 어머니에게는 이름자가 없는 이유가 무엇인가?
　신달자의 시에서 우리는 어머니, 우리나라의 어머니 속에 작용하고 있는 사회와 국가보다는 가정을, 개인적인 것을 더욱 소중하게 여기는 모성 원형을 발견할 수 있다. 하지만 시의 어조에서는 사회적 역할과 자아실현을 차단당한 채 가족에의 사적인 봉사만을 강요당했던 어머니의 평범한 삶에 대한 찬양이 아니라 안타까움과 비판의식이 역력히 드러난다.
　모성(여성) 원형이란 것은 오랜 역사와 민족과 문화를 뛰어넘어

---
13) 이부영, 『분석심리학』, 71면.

가부장제 사회가 여성의 무의식과 내적 인격에 영향을 미쳐온 결과로써 만들어진 틀이라고 생각한다. 근원적 모성성(여성성)에까지 작용하고 있는, 오랜 세월에 걸쳐서 형성된 가부장제의 보이지 않는 권력의 힘을 느끼지 않을 수 없다.

원형은 누구의 정신에나 존재하는 인간 정신의 보편적이며 근원적인 핵이며, 시간과 공간의 차이, 지리적 조건의 차이, 인종의 차이를 넘어선 보편적인 인간성의 조건이다. 태고 적부터 현대에 이르는 긴 시간에 수없이 반복되었으며, 또한 반복되어 갈 인류의 근원적인 행동유형을 가능하게 하는 선험적 조건이 원형이지만 그 선험이란 것도 결국 태초로부터의 인간 체험의 침전물이 아닌가? 그것은 한시적인 의미에서는 역사와 민족과 문화를 초월하지만 결국 오랜 역사와 민족과 문화의 잔영일 수밖에 없다. C.G.융은 "원형이 어떻게 생겼는지는 아무도 모른다. 이러한 물음은 형이상학의 물음이어서 대답이 불가능하다"[14]라고 원형의 선험성을 강조했지만 그 선험성이란 것도 결국 개인을 초월하여 오랜 세월 동안 축적된 인간의 유전자에 기록된 DNA의 정보이며, 이 정보를 만들어온 것은 결국 오랜 동안의 인간의 체험일 수밖에 없다는 생각이다. 따라서 남성원형과 여성원형이란 것도 개인적 경험과 당대성을 뛰어넘으며, 결국은 오랜 세월 동안의 인간체험의 집적이고 침전물일 수밖에 없는 것이다.

크리스 위든(Chris Weedon)은 "궁극적으로 불변하는 여자다움, 남자다움 혹은 무의식 구조란 있을 수 없다고 보며, 이것들은 언제나 시대의 사물이며, 담론적 실천을 통하여 이루어지며 상징질서와 무

---

14) 위의 책, 87면에서 재인용.

의식은 둘 다 현상유지에 대한, 혹은 현 상황 변화에 대한 차이점, 반박과 압력에 의해 정해진다"[15]라고 필자와 같은 생각을 밝힌 바 있다.

　우리는 원형으로서의 모성(여성)과 모성(여성)원리에 작용하고 있는 성차별주의자들의 생물학적 환원론과 원형이론가들의 논리가 거의 변별성을 보이고 있지 않음에 주목하지 않을 수 없다. 여기서 원형이론가와 페미니즘 이론가의 근본적 충돌이 일어나지 않을 수 없는데, 페미니즘에서는 남성과 여성이란 젠더(gender)는 생물학적으로 결정된 것이 아니라 사회문화적 구성물로 본다. 즉 남성원형, 여성원형이라는 것도 초문화적·초역사적인 항구불변의 것이 아니라 오랜 세월 동안 문화적·역사적으로 구성된 것으로 생각하는 것이다. 따라서 젠더는 사회적 차원인 집단의식뿐만 아니라 집단 무의식인 원형에도 영향을 미쳐온 것으로 보여진다. 솔직히 페미니스트인 필자는 본고를 쓰면서 최근 시 가운데서 모성 원형을 발견하려는 주제에 충실해보려 하지만 모성 원형에 작용하고 있는 가부장제의 권력이 더 먼저 눈에 들어오는 것을 어쩔 수 없다.

　신달자의 시에서 모성에 내재된 여성으로서의 관능과 욕망은 욕망의 분출로서가 아니라 억압과 욕망의 결여로서 그 모습을 간접적으로 드러낸다. 「멍에」, 「긴긴 밤— 아, 어머니4」, 「달빛— 아, 어머니7」에서 드러내고 있는 어머니의 모습은 "외간 남자에/ 외눈 한번 더욱 준 적이 없이"(「멍에」에서) 이 사회의 페르조나가 요구하는 대로 정절이데올로기에 갇힌 우리나라의 보편적 여성상을 보여준다.

---

15) 우리사회연구학회, 『현대사회와 여성』, 정림사, 1998, 347면에서 재인용.

아버지는 바람으로 떠다니시고
바람으로 어쩌다 스쳐 지나가면
어머닌 또 딸 하나 낳고
긴긴 밤을 홀로 울어 새우셨습니다.

— 신달자의 「긴긴 밤— 아, 어머니4」 전문

아직 그 가슴에 불길 남았던
어머니 사십대 그 중반 가을밤
오줌 마려워 일어나 바라본 어머니
달빛으로 온몸을 애무하고 계셨습니다

— 신달자의 「달빛— 아, 어머니7」 전문

　인용한 시들이 보여주고 있는 어머니의 모습은 정절 이데올로기와 여성의 성적 욕망을 인정하지 않는 가부장 사회의 여성의 성적 욕망과 관능에 대한 억압을 드러내준다. 바람처럼 떠도는 아버지를 떠나보내고 고독한 밤을 홀로 보내는 어머니, 한밤중에도 잠들지 못하고 온몸에 달빛의 애무를 받고 있는, 즉 리비도적 욕망에 휩싸인 어머니의 모습은 관능적 존재로서의 모성(여성)을 표현하고 있다. 그리고 그런 어머니를 바라보는 딸인 화자의 시선에선 짙은 연민이 배어난다. 인용한 시들은 여성의 성을 부정하고 억압해온 가부장제 사회의 억압 속에서도 사라지지 않는 모성(여성)의 성적 본능과 관능적 욕망의 원형을 보여주고 있다고 해석할 수 있을 것이다.
　관능적 모성 원형을 드물게 찾아보았지만 우리 시에서 모성성의 부정성 원형을 찾는 일 역시 매우 어려워 보인다. 그만큼 희생의 모성이데올로기가 견고한 집단의식으로 여성의 삶을 억압하고, 무의식까지 억압하기 때문일 것이다. 그리고 가부장제 사회는 모성을 극도로 신화화하고 찬양함으로써 여성=모성=현모양처라는 의식적이고 획일적인 인식 틀을 강요해왔기 때문일 것으로 생각된다.

노혜경의 「멀티미디어 베이비 자장가1」, 「멀티미디어 베이비 자장가2」[16)는 멀티미디어시대에 현대인의 종교이며 신전이 되어버린 텔레비전과 자본주의의 신화를 통렬히 비난한다. 하지만 필자가 여기서 발견하게 되는 것은 대모적 모성의 부정적 측면이다. 현대인의 새로운 대모로 등장한 것은 텔레비전과 자본의 권력이다.

굉장히 오랜 세월에 걸쳐서 형성된 신화가 있다.
겨드랑이에 날개를 달고 태어난 아기가 있었다고 한다.
아기가 태어나자 TV는 흥분을 했다. 덕분에 엄마는 돈을 많이 벌었다. 엄마는 점점 더 많은 돈이 필요했다. 그래서 아이는 자라서는 안 되었고, 언제나 갓 태어난 것 같은 외양을 했으며, 날개는 반짝거리고 미소는 순진했으며 마침내 80살이 되었을 때 갑자기 죽었다.
(중략)
엄마는 투덜대었다 난 아무것도 번 게 없다고, 아기를 아기로 남아 있게 하려고 많은 돈이 들었다고, 아이의 날개는 너무 작아서 날이 갈수록 모델료가 떨어졌다고,
따지고 보면 내 돈이 더 든 셈이라고, 신문기자가 손을 번쩍 들었다. 돈은 아래로 아래로 흐르는 것 아닙니까?
그래요, 라고 엄마가 대답한다. 날개 달린 아이는 내 아버지이고 내 엄마죠, 내가 먹고 사니까요. 기자 양반 책을 더 읽어야 되겠군요. 이것은 새로운 신화거든요.
(후략)

― 노혜경의 「멀티미디어 베이비 자장가1」에서

---

16) 노혜경, 『뜯어먹기 좋은 빵』, 세계사, 1999, 22―26면.

3. 최근 우리 시에 나타난 모성, 원형심상　69

엄마는 정말 엄청난 기억을 전수해주셨지
하루 다섯 아니 여섯 편의 영화
엄마의 꿈은 구석구석 전파를 타고

엄마는 자신을 창조주라 믿었지만
실은 잘 프로그램된 착한 소비자
엄마의 넘쳐나는 전파의 핏줄을 타고
나, 멀티미디어 베이비는 태어나면서부터 가상 천재

난 원해 아무도 내 꿈을 간섭하지 않는 곳
아마 나는 고독을 사랑하나봐

아가야 네 꿈의 채널을 돌려라
혼돈이 네 화면에 넘쳐흐르게 하라

　　　　　　　　　- 노혜경의 「멀티미디어 베이비 자장가2」에서

　멀티미디어의 세계, 특히 텔레비전이라는 가상의 현란한 세계 속에 출현하고 있는 대모원형, 이 새로운 모성에 혼을 다 빼앗겨버린 현대인의 개성과 주체의 상실, 창조성의 상실을 이 작품은 노래한다. 날개를 달고 태어났다가 80살까지 아기의 이미지를 유지하다가 죽어야 했던 아기는 상품적 가치를 상실하면 언제든지 추락하고 죽음을 맞이할 수밖에 없는 자본의 희생양인 천사이다. 자본과 결탁한 멀티미디어의 세계는 오로지 외양으로서의 이미지를 추구할 뿐이다. 현대인에게는 진짜 아기(천사)가 아니라 아기(천사)의 이미지가 필요할 뿐이다. 밀레니엄 시대에 자본이 텔레비전을 통해서 판매하는 것은 결국 상품 그 자체가 아니라 유혹적인 이미지들이다. 하지만 대형의 멀티미디어의 세계인 텔레비전을 대모신처럼 숭배하는 현대인은 대모신의 지배적 권력 앞에 옴짝달싹 못하는 멀티미디어 베이비의 운명에서 자유로울 수 없다. 시인은 대모신의 부정적 파괴적 원형을 인격적 존재로서의 어머니가 아니라 현대의 텔레비전이란 비인격적 가상세계에서 발견하고 있는 것이다.

김정란은 모성성과 여성성을 통해서 새로운 세계를 열고자 한다. 김정란의 세계는 여성해방주의의 세계가 아니라 여성주의의 세계이다. 그녀에겐 여성성이야말로 이 세상을 구원하는 영성을 가진 존재이다. 게린이 분류했던 세 번째 유형에 해당될 만한 영혼의 동반자로서의 모성원형인 셈이다. 따라서 여성의 말은 남녀를 이분법적으로 구분하는 성차별적 의미에서의 연약한 타자의 언어가 아니라 내면의 순결성을 지닌 재생의 언어, 생명의 언어이다. 그것은 여성이 이제껏 받은 상처를 통해서 구원되는 새로운 여성주의의 세계이다.

> 사랑으로 나는 죽어가는 세계의 모든 생명들과 이제 막 태어나는 어린 생명들과 하나가 되고 싶다, 될 것이라고 믿는다, 될 것이다. 사랑으로 나는 나이며 너이며 그들이다. 사랑으로 나는 중심이며 주변이다. 사랑으로 나는 나의 상처의 노예이며 주인이다. 사랑으로 나는 나의 상처를 세계의 상처 위에 겸손하게 포개놓는다. 세계, 나의 아들이며 나의 지아비인 세계의 상처 위에. 나처럼 아프고 불행한 세계의 상처 위에, 가만히, 다만 가만히.
>
> — 김정란의「사랑으로 나는」에서[17]

---

17) 장석남 외, 앞의 책, 108면.

이 시의 화자인 상처받은 존재인 '나'는 사랑으로 죽음과 어린 생명을 포용하고, 나와 너, 중심과 주변, 노예와 주인의 경계를 해체시키며, 나의 상처를 세계의 상처 위에, 아들과 지아비로 상징된 남성 세계의 상처 위에 겸손히 포개놓는다. 이 시는 포스트모던 페미니스트들의 해체주의적 발상법을 따르고 있다. 이제 여성, 모성, 타자성은 극복해야 될 열등성이 아니라 남성중심주의적인 이분법적 대립주의를 극복할 긍정적 성향이며, 더 이상 상처받는 타자가 아니라 치유와 재생, 구원자로서의 아니마(anima)요, 영혼의 동반자이다.

3. 남성 시인의 경우

황지우의 시집 『어느 날 나는 흐린 酒店에 앉아 있을 거다』(1998)[18]에는 어머니에 관한 시가 여러 편 나온다. 치매에 걸린 어머니에 대한 연민, 어머니를 장지에 묻고 내려오던 날의 슬픔 등의 개인적 경험적 어머니가 시화된다. 하지만 「살찐 소파에 대한 日記」, 「노스텔지어」, 「나무숭배」 같은 시는 개인성을 벗어나는 모성 원형에 관한 무의식을 보다 잘 드러내준다.

'소파' 하면 나는 '비누' 생각이 났다가 또 쓸데없이
'부드러움'이라는 형용사가 떠오르다가 '거품―의자'가 보인다.
의자같이 생긴, 젖통이 무지무지하게 큰 舊石器時代의
이 多産性 여인상은 사실은 비닐로 된 가짜 가죽을 뒤집어쓰고 있

---

18) 황지우, 『어느 날 나는 흐린 酒店에 앉아 있을 거다』, 문학과 지성사, 1998.

는데

"오우 소파, 나의 어머니!" 나는 속으로 이렇게
영어식으로 말하면서, 그리고 양놈들이 하듯 어깨를 으쓱해 보이면서 소파에 앉았던 거디었다.

-황지우의 「살찐 소파에 대한 日記」에서

나는 고향에 돌아왔지만
아직도 고향으로 가고 있는 중이다
그 고향.....................무한한 지평선에
게으르게
가로눕고 싶다
인도(印度), 인디아!
무능이 죄가 되지 않고
삶이 한번쯤 되 물릴 수 있는 그곳
온갖 야한 체위로 성애를 조각한
사원 ; 초월을 기쁨으로 이끄는 계단 올라가면
영원한 바깥을 열어주는 문
이 있는 그곳

-황지우의 「노스텔지어」 전문

비가 내리고, 나무가 있고, 초록빛이 있는
無限無窮 가운데 단 하나뿐인 별이여
소생하소서

큰 나무 보면 발가벗고 그 속에 들어가
祭物되어 흡수되고 싶다

- 황지우의 「나무崇拜」에서

C.G 융은 여성 원형상은 여러 가지 상징으로 나오는데, 인격적인 상(像, imago)뿐 아니라 모든 여성성의 원초적 상 속에서 여성 원형상을 발견할 수 있다고 했다. 즉 나무와 바위와 물, 대지와 산이 생성상징으로서의 여성 원형상일 수 있다고 했듯이 황지우의 시에서 모성(여성) 원형은 인격적인 상보다는 소파나 인도, 그리고 나무와 같은 비인격적 대상 속에서 보다 더 잘 발견된다.

「살찐 소파에 대한 日記」, 「노스텔지어」, 「나무숭배」는 남성화자의 내면에 존재하는 아니마 원형을 드러낸다. 「살찐 소파에 대한 日記」에서 무기력하고 게으른 어린 아이처럼 남성화자는 '소파'를 통해서 "부드러움"이라는 감정을 환기하고, "거품-의자"와 "구석기시대의 다산형 여인상"을 연상하다가 마침내는 "오우 소파, 나의 어머니!"라고 속으로 말하면서 소파에 앉는다. 게으르고 무기력한 어린 아이 같은 화자의 '소파'에 대한 감정은 또 다른 어머니인 아내에게 전이된다. "나는, 아내가 그를 일으켜주고 목욕시켜주고 나에게 밥도 떠먹여주고 똥도 받아주고, 했으면 좋겠다/ 나는 그의 남은 생을, 그녀에게 몽땅 떠맡기고 싶다./ 코로 숨만 쉴 뿐, 꼼짝도 않고 똥그란 눈으로 뭔가 간절히 바라고 있으면 그녀가 다 알아서 해주는 식물인간이고 싶다"에서 파악되는 '아내'는 화자의 어린 아이 같은 맹목적 의존욕구를 충족시켜주는 모성적 대상이다. 마치 이상의 소설 「날개」가 보여주는 남편의 태도처럼 그는 수동적이고 무기력하다. 그는 결혼한 남자이지만 영원히 성숙을 거부하고 어머니의 큰 비호를 기대하는 어린아이 같은 절대적 의존심에 사로잡혀 있다. 이것은 일종의 퇴행적이고 부정적인 모성 콤플렉스의 표현이라고 할 수 있을 것이다. 그의 아니마는 성숙한 자기실현의 세계로 통합되지 못하고 아직 미숙하고 미분화된 상태에 빠져 있다.
 황지우의 퇴행적 모성 콤플렉스는 박서원의 「꿈으로 내려가는 길」과 비교될 만하다.

> 아빠, 따뜻한 눈꽃으로 나를 핥켜줘
> 나귀에 빨간 망토와 외투를 싣고
> 내가 그 집 앞을 지나면 종달새 우짖게 해줘
> 종일토록 비가 내리면
> 비옷과 장화로 물의 동그라미 속에서 놀게 해줘
> 나는 첫닭이 홰치는 날 도토리 캐는 다람쥐
> 살랑살랑 엉덩이 흔드는 미풍
> 댓돌에 가지런히 놓여 있는 달빛 받는 작은 신발이야
> 내 키는 아빠 품에서 조금도 자라지 않았어
> 사람들이 돌과 화살로 내 영화를 망치지 않게
> 감독해줘
> 아빠, 여긴 떠날 수 없는 낙엽의 늪지대야
> 잠시라도 봄날 뜨락의 병아리떼 몰고 와
> 내 가녀린 몸뚱어리로 엄마 되게 해줘
>
> —박서원의 「꿈으로 내려가는 길」에서[19]

 이 시는 퇴행적이고 도착적인 부성 콤플렉스을 보여준다. '아버지'는 시적 자아를 억압하는 존재이며—여성적 자아는 아빠 품에서 성장을 멈춰버렸다—동시에 보호 감독을 하는 후원자이다.[20] 이 시

---

19) 박서원, 「꿈으로 가는 길」, 『문학과 사회』, 1996년 봄호.
20) 장석주, 「가부장제 이데올로기의 담론 위를 가로질러 오는 여성시들」, 『현대시』 1996년 7월호, 26-7면.

의 화자가 꿈으로 내려가기 위해서는 끝없이 아버지의 배려와 보호가 필요하다. 뿐만 아니라 '엄마', 즉 여성으로 완성되기 위해서도 아버지란 존재가 필요하다. 따라서 이때의 아버지는 현실적 아버지가 아니라 원형으로서의 아버지로 해석할 수 있다. 즉 자기실현이 완성되기 위해서 여성화자는 자신의 내면에 있는 남성성인 아니무스와의 통합을 이루어야 한다. 그런데 그 통합은 "낙엽의 늪지대"에 빠져 있고, "심해엔 가라앉은 섬이 가로막고 있어" 제대로 성취되지 못한다. 그래서 화자는 그녀의 영원한 후원자인 아버지에게 "해줘" "해줘" 하며 애타게 부르는 것이다. 다분히 근친상간적 무의식을 보여주고 있는 이 시는 절대적 보호자로서의 부성에 대한 갈망을 보여주는 한편, 성숙에 따른 고통을 거부하고 미성숙에 고착되고 도착된 아니무스를 보여준다. 이는 일종의 부성 콤플렉스의 표현이며, 그런 점에서 모성 콤플렉스를 표현한 황지우의 시와 비교될 만하다.

「노스텔지어」도 영원히 고향을 찾는 남성화자의 모성지향을 나타내고 있다. 그 고향은 실재하는 고향이 아니라 남성들의 무의식 속에 숨겨진 "게으르게/ 가로눕고 싶다"는 곳이며, "무능이 죄가 되지 않고/ 삶이 한번쯤 되 물릴 수 있는 그곳"이다. 화자는 인간의 모든 부정적인 것까지를 수용하는 모성적 고향을 인도에서 발견한다. 그 인도는 "온갖 야한 체위로 성애를 조각한/ 사원"이 있는 곳인데, 그곳은 리비도적 상상력을 자극하는 곳이기도 한다. 인도로 상징화된 장소는 지리적 의미에서 인도(인디아)를 의미하는 것이 아니라 바로 남성들이 모성을 향유할 장소이며, 정신적 고향이다. 고향은 사람에게 있어서 친숙하고 안정된 보금자리로서 삶의 근거지이다. 흔히 남성적 세계로 인식되는 노동의 세계, 외적 세계는 그들에게 사실은 낯설고 불안한 적대적 세계였음이 이들의 모성적 여성적 세계로의 도피의식, 회귀의식에서 드러났다고 해석되어진다. 그리고 그 모성적 세계에는 성애적 조각상이 암시하듯 성적 요소가 내포되어 있다.

황지우의 모성지향은 「나무숭배(崇拜)」에서 다시 한 번 반복된다. "큰 나무 보면 발가벗고 그 속에 들어가/ 제물(祭物)되어 흡수되고 싶다"에서도 나타났듯 나무는 민간의 신앙이나 신화나 민담에 나오는 상으로서 여성적인 특징을 나타낸다.21) 나무는 "빛으로 부은 범종(梵鐘)", "한 채의 거대한 우주종루"이며, "무한무궁(無限無窮) 가운데 단 하나뿐인 별"로서 화자에게 우주적 영감을 일깨우는 아니마이다. 남성화자는 나무와의 통합, 즉 내면적 여성성인 아니마와의 절대적 통합을 지향한다. 화자 자신을 '제물(祭物)'로 바치는 희생양 의식에서 절대적 통합에의 의지는 드러난다. 아니마는 남성의 마음속에 있는 모든 여성적 심리경향을 의인화한 것으로서, 그것은 막연한 느낌과 무드, 예감, 비합리적인 것에 대한 감수성, 개인적 사랑의 능력, 자연에 대한 감정, 그리고 마지막으로 결코 그 중요성이 다른 것에 못지않은 무의식과의 관계이다.22)

C.G.융에 의하면 아니마의 발전에는 4단계가 있다. 제 1단계는 이브의 상으로 가장 잘 상징되고 있는데, 이것은 단순히 본능적이고 생물학적인 관계만을 대표한다. 제 2단계는 파우스트의 헬렌에게서 볼 수 있는 것으로, 그녀는 낭만적이고 미학적인 단계를 의인화하는 것이다. 그러나 그것은 또한, 특징이 성적 요소들이다. 제 3단계는 성녀

---

21) 이부영, 『분석심리학』, 188면.
22) M.L. 폰 프란쯔, 「개성화의 과정」, C.G. 융 외, 조승국 역, 『인간과 상징』, 범조사, 1981, 215면.

마리아로 대표되는데, 마리아는 사랑(에로스)을 영적 헌신의 높이까지 끌어올리는 인물이다. 제 4의 형은 사피엔치아로 상징된다. 그는 가장 성스럽고 가장 순수한 것도 초월하는 지혜이다. 이것에 관해서는 또 하나의 상징이 있는데, 그것은 솔로몬의 「아가(雅歌)」에 나오는 슐람 여인이다.(근대인의 심적 발전이 이 단계까지 도달하는 일은 드물다. 모나리자가 예지의 아니마에 가장 가깝다.)23)

황지우는 모성지향 내지 모성 콤플렉스를 소파, 인도, 나무 등의 다양한 상징을 통해서 나타냈지만 「나무崇拜」에 와서는 '나무'란 상징을 통해 그의 아니마와의 관계가 C.G. 융이 말한 제 3단계까지 고양된 느낌을 받는다.

> 왜 남자들은 자궁이 없을까?
>
> 어머니의 치마 밑으로 손을 집어넣어 만져 보면, 언제나 발전소는 따뜻했다. 용광로에 닿은 것처럼 손끝이 뜨거울 때도 있었다.
>
> 그러나, 내 스스로 발전소가 되고 싶지는 않았다는 것을 고백해야만 하겠다. 힘든 일이지만, 차라리 발전소 안으로 들어가 고압전류에 감전되는 것이 행복하다고 생각하고 있다, 숯처럼.
>
> — 하재봉의 「화두: 발전소」에서24)

하재봉의 「화두: 발전소」란 시도 자궁 속으로 회귀하고 싶은 남성

---

23) M.L. 폰 프란쯔, 위의 책, 222면.
24) 이승훈 외 편, 『1990-1995 탈냉전시대의 문학- 시신집』, 고려원, 1996, 23면.

의 모성지향의식을 나타내고 있다. "자궁 속으로 돌아가 웅크리고 잠을 자고 싶었으니까"에서 보듯이 남성들에게 '자궁'이란 상징은 영원히 돌아가 쉬고 싶은 휴식의 장소, 원초적인 모성의 공간이다. 이 시는 후기 프로이트학파의 여성심리학자 카렌 호니(Karen Horney)가 프로이트가 내세운 여자들의 '음경선망'을 비판하며 내세운, 남자들의 여성에 대한 선망, 즉 여자의 가슴과 젖을 먹이는 행위뿐만 아니라 임신, 분만, '모성에 대한 선망'[25], 특히 자궁 선망의식을 반영한다고 할 수 있다. 남성들은 '자궁'으로 상징되는 모성공간에서 충분히 휴식을 취하며, 발전소가 전기를 발전하듯 생의 에너지를 충전을 받고, 다시 적대적인 외적 세계로 나오는 것이다. 그리고 이러한 모성지향은 남성들에게 가장 보편적인 것으로 인식된다. 그런데 이 시는 스스로가 자궁이 되어 헌신하는 존재가 되고 싶지는 않다고 고백한다. 즉 남성들의 자궁선망은 대상에 대한 욕망일 뿐 그 자신이 자궁이 되고 싶지는 않다. 남성들은 쾌락원리의 차원에서 자궁을 욕망하지만 현실원리의 차원에서는 철저히 남성중심주의에 젖어 있는 것이다.

　신경림의 「어머니와 할머니의 실루엣」은 생명의 원천이며, 동시에 영원회귀의 모성성을 표현하고 있다.

　　　어려서 나는 램프불 밑에서 자랐다,
　　　밤중에 눈을 뜨고 내가 보는 것은
　　　재봉틀 돌리는 젊은 어머니와

---

25) Chris Weedon, 이화영문학회 역, 『포스트구조주의와 페미니즘 비평』, 한신문화사, 1994, 76−7면.

실을 감는 주름진 할머니뿐이었다
나는 그것이 세상의 전부라고 믿었다
(생략)
하지만 멀리 다닐수록, 많이 보고 들을수록
이상하게도 내 시야는 차츰 좁아져
내 망막에는 마침내
재봉틀 돌리는 젊은 어머니와
실을 감는 주름진 할머니의
실루엣만 남았다.

내게는 다시 이것이
세상의 전부가 되었다.

— 신경림의 「어머니와 할머니의 실루엣」[26]

어려서 램프불 밑에서 자라던 화자는 나이를 먹어가면서 '칸델라 불', '전등불'이 상징하는 점차 더 넓고 밝은 세계로 나와서 많은 것을 보고 들을수록 이상하게 시야가 차츰 좁아져서 "재봉틀 돌리는 젊은 어머니와 실을 감는 주름진 할머니의 실루엣만 남"게 되고, 이것이 세상의 전부가 된다. 이 시는 성장하면서 점차 넓은 세계, 즉 남성적 세계, 적대적 세계를 떠돌지만 나이를 먹을수록 영원한 귀의처로서 모성적 세계, 유년의 세계를 그리워하고 회귀하고 싶은 모성에 대한 원초적 욕망이 강렬해짐을 표현하고 있다. 가장 희미하지만 가장 근원적인 구원의 불빛은 바로 어머니와 할머니로 표상되는 모성의 원형으로부터 흘러나온다. 남성적 자아인 페르조나(persona)는

---

26) 신경림, 『어머니와 할머니의 실루엣』, 창작과 비평사, 1998, 24-5면.

아니마와의 통합을 통해서 보다 성숙한 자기실현을 도모하고자 욕망하는 것이다.

자크 라캉(Jacques Lacan)에 의하면, 태어난 아이는 '거울의 단계(mirror stage)' 즉 '상상계(the Imaginary)'에서 자신이 어머니의 부분이라는 것을 확신하면서 '존재의 통일'을 경험한다. 그러나 점차 성장하면서 자신과 어머니 사이에 아버지라는 존재가 있음을 깨닫게 되고, 여기서 부재와 박탈을 경험하게 된다. 그리고 아버지 세계를 형성하는 상징적 질서인 언어를 배움으로써 '상징계(the Symbolic)'에 편입되는 대신에 어머니와의 통일에 대한 욕망을 억압받게 된다.27)

신경림의 시에서 램프불 밑의 어린아이 시절은 어머니와의 상상적 동일시가 가능했던 라캉이 말한 '거울의 단계'라고 할 수 있다. 이 상상계에서 화자는 어머니와 존재론적 통합을 이루었지만 성장하면서 그 램프 불빛을 떠나 더 밝은 세계, 이성의 세계, 아버지적 세계, 상징계로 편입된다. 하지만 그의 마음속에는 유년시절 이후 모성적 세계로의 회귀욕망이 억압된 채 잠재되어 있다. 나이를 먹을수록, 밖의 세계를 떠돌수록 근원적 모성의 세계로 회귀하여 어머니와 통합되고 싶은 욕망은 강렬해진다. 신경림의 시는 유아기 이후 어머니와 분리된 남성들이 아버지의 세계, 상징적 질서의 세계로 완전히 편입된 듯하지만 어머니와의 원초적 통합을 욕망하는 오이디푸스적 무의식은 여전히 그들의 잠재의식에 깊게 침잠되고 억압되어 있음을 보여주었다고 하겠다.

고재종의 시 「보름밤, 그 어둡고 환한 월광곡(月光曲)」은 리비도적 여성원리를 표현하고 있다.

---

27) 자크 라캉, 권택영 외 편역, 『욕망 이론』, 문예출판사, 1994, 15-21면.

앞산 위로 불끈 솟은 만월이거니! 그것의 애액을 칠한 댓잎들, 서로를 반짝여주네. 저 잎새들 서로이 베던 나날의 업을 씻는다는 말에, 너는 다만 꽃삽을 연 달맞이꽃을 바라보고, 어디 먼 데서는 황소의 영각 쓰는 소리 절로 드높네.

중천 위에 둥실한 만월이거니! 그것의 흰 젖을 먹는 우듬지들, 문실문실 밀어 올리네. 그 은빛 요요함 속에서 무슨 일인들 못 벌일까. 저 들쾡이 숨을 죽이고 눈을 형형 빛내지만, 시방 포도밭의 포도알들은 단젖이 불고, 담장 너머 앞강물은 무장무장 차오르네.

— 고재종의 「보름밤, 그 어둡고 환한 月光曲」에서[28]

이 시에서 여성원리를 상징하는 심상인 '달', 그 중에서도 보름달은 리비도의 창조성과 다산성과 풍요로움을 유감없이 환기하고 있다. 에로틱한 달의 이미지가 환기하는 생식성, 창조성, 풍요성, 다산성은 결국 생산적이고 창조적인 모성원리이다. 달은 공감각적 이미지를 통해서 만물의 우주적 교감과 조응을 표현하고 있다.

이밖에 김선규의 『어머니』(1997)는 희생적 모성 원형이 전편을 통해서 제시되고 있지만 여기서 상론하지는 않겠다.

4. 나오며

여성시인과 남성시인들의 최근 시를 통해서 우리 시의 모성원형

---

28) 고재종, 『그때 휘파람새가 울었다』, 시와시학사, 2001, 22-3면.

을 찾아보았다. 창조와 풍요와 다산과 양육의 상징으로서의 모성원리는 남녀 시인에게 공히 나타난다.

여성시인의 경우 대모적 모성성의 긍정적 측면이 강화된 희생적 모성원형을 빈번히 발견하게 되는데, 이는 어머니를 '대상'으로서가 아니라 같은 운명을 지닌 존재로서 '동일시'하는 여성심리와 관련된다고 본다. 그리고 남성시인의 경우와는 달리 관능적 모성 원형을 찾기 어려웠다는 것도 한 특징으로 지적할 수 있을 것이다. 그리고 여성시인과 남성시인 모두에게서 부정적 대모신의 심상은 발견하기가 매우 어려웠다는 것도 지적할 수 있다.

그런데 남성시인의 경우에는 본능적 모태의식, 의존의식, 적대적인 남성적 세계에서 지친 영혼의 휴식과 창조적인 리비도를 충전받는 '대상'으로서 모성 통합을 지향하고 있음을 볼 수 있었다. 때로 이것은 지나쳐 퇴행적인 모성 콤플렉스로 나타나기도 한다. 특히 여성의 시에서는 찾아보기 어려운 관능적이고 리비도적 모성은 남성시인의 경우 보편적이었음도 살필 수 있었다. 이것은 남성의 무의식 속에서 모성 원형이 어떤 모습으로 자리 잡고 있는가를 알 수 있게 해준다.

본고를 통해서 무의식의 세계는 의식의 세계와 전혀 무관한 것이 아니라 의식과 무의식은 서로 짝을 이루면서 서로를 심리적으로 보상하며 인격 전체의 건전성을 향해 나아간다는 것을 알 수 있었다. 또한, 원형과 무의식에까지 작용하고 있는 의식, 역사, 문화의 문제에 대해서도 생각해 볼 기회가 되었다. 하지만 본고는 제한적인 시인들의 시를 대상으로 했다는 한계를 지니는 것도 사실이다. (『시와 사람』 22호, 2001.9)

4. 인간적 성숙과 문학적 성취
― 존재의 고독에서 사랑과 환희의 세계로 ―
김광섭의 시

1. 관념과 탈관념의 두 얼굴

　금년(2005)은 김광섭(1905-1977)의 탄생 100주년이 되는 해이다. 그가 세상을 떠난 것이 1977년의 일이니, 그의 타계도 벌써 30년이 다 되어간다. 동경에서 영문학을 전공한 김광섭은 귀국하여 해외문학파로서 극예술연구회에 가입(1932)함으로써 문단과 연관을 맺게 된다. 하지만 그의 시인으로서의 활동은 1935년『시원(詩苑)』에「고독」이 발표된 이후로 간주된다.1) 그는『동경』(1938),『마음』(1949),『해바라기』(1957),『성북동 비둘기』(1969),『반응』(1971),『김광섭시전집』(1974),『김광섭시선집-겨울날』(1975) 등 전집과 선집을 포함하여 모두 일곱 권의 시집을 발간했다.
　그는 40년이 넘는 세월을 부단히 시작활동에 전념했고, 일제하에서는 훼절을 거부하고 3년 8개월의 옥고를 치르는 등 우리문학사에

---
1) 손종호,『김광섭문학연구』, 충남대출판부, 1992, 26면.

서 찾아보기 드문 투철한 민족시인이었다. 그럼에도 불구하고, 그의 시는 과소평가되는 감이 없지 않다. 그의 전집 발간과 타계를 전후한 1970년대 중후반에 기성평단의 주목을 받은 이후 간헐적으로 석·박사학위논문이 발표된 것을 제외하고 그는 우리의 평단과 학계의 큰 관심을 끌지 못했다. 그의 시에 대한 논의도 초기시가 나타내고 있는 관념성에 대한 지적과 「성북동 비둘기」 같은 후기 시가 이룬 시적 성취에 대한 언급이 주를 이룬다. 그의 초기시가 나타내고 있는 관념적 한계는 신경림2) 등 여러 평자들에 의해서 지적되어 왔다. 그런데 관념성은 겉으로 드러난 시적 성격일 뿐 정작 초기 시가 표현하고 있는 시적 세계는 세계 내적 존재로서의 자아의 무력감과 소외감이다. 「고독」, 「독백」, 「소곡에서」, 「동경」, 「우수」와 같은 시들이 표현하고 있는 존재의 무력감과 소외의식은 초기시가 보여주고 있는 뚜렷한 특징이라고 할 수 있다.

    내
    하나의 생존자로 태어나 여기 누워 있나니

    한 간 무덤 그 너머는 무한한 기류의 파동도 있어
    바다 깊은 그곳 어느 고요한 바위 아래

    내
    고단한 고기와도 같다

                                           - 「고독」에서

---

2) 신경림, 「김광섭론」, 『창작과 비평』 37호, 1975년 가을, 152-165면.

4. 인간적 성숙과 문학적 성취 － 김광섭

흐르고 쌓여 내려온
온갖 울분을 다하여서도
결국은 돌멩이 하나 움직이지 못할
허망한 사념에 다다를 뿐

― 「독백」에서

수리개가 선회하는 정밀한 오후

이 소곡에는
새의 노래도 한 떨기 꽃도 없이
녹음이 깃들이고 있나니

원하여 애(愛)의 성(性)을 그려보거늘
오늘도 마음은
둔한 벌레가 되어 외로이 풀잎에 기다

― 「소곡(小曲)에서」 전문

「고독」에서 시적 자아는 아무런 희망조차 꿈꿀 수 없는 암울한 밤이라는 시간 속에서 무덤 속에 누워 있는 죽은 자와 같은 무력감과 깊은 바다 속 바위 아래 놓인 고단한 물고기와 같은 고독감에 휩싸여 있다. 다만 그에게 허용된 것은 그를 잠들지 못하게 괴롭히는 또렷한 자의식뿐이다. 그래서 시적 자아는 그의 자의식을 일깨우는 시계를 향하여 "시계야 기이(奇異)타/ 너마저 자려무나"라고 외친다. 하지만 진정 잠들고 싶은 것은 시계가 아니라 시인 자신의 의식이다.
「독백」에서 시적 화자는 우수, 비애, 울분과 같은 부정적인 감정 속에서 헤어나지 못한 채 돌멩이 하나도 움직이지 못할 만큼 깊은 무력감에 휩싸여 있다. 「소곡에서」에서는 자신을 풀잎 위를 기는 둔한 벌레로 비하한다. '둔한 벌레'는 하늘을 나는 '수리개'라는 큰 새와 대조되는 하찮은 존재이다. '수리개'가 골짜기를 선회하는 큰 움직임을 보이는 데 비하여 시적 자아는 기껏 벌레라는 작고 무기력한 존재가 되어 "외로이 풀잎" 위를 기어 다닐 뿐이다.

이처럼 무력감에 휩싸인 시적 자아는 시집 『마음』에 수록된 「길」이라는 시에서 "일찍 나는 도회의 아들이 되었으니/ 거기는 차를 타고도 가지 못하는 곳이 되었습니다"라고 갈 수 없는 '거기'에 대한 지향의식과 가지 못하는 단절감을 절절히 표현하고 있다. 더구나 자아가 속해 있는 '여기'를 탈출하여 가고 싶은 '거기'가 차를 타고도 갈 수 없는 곳이라고 하니, '거기'와 '나' 사이의 단절감과 분열의 극복은 더욱 어려운 것으로 그려진다. 이러한 분열의식은 시집 『마음』에 수록된 「고향」에서 다시 극대화된다. 이 시는 마치 윤동주의 「또 다른 고향」을 연상시킨다.

> 고향에 돌아와서
> 뜰에서 집을 보고
> 집에서 방을 살피니
> 하나도 보잘것없는 집
> 고전도 없고 현대도 없는 집
>
> (2연과 3연 생략)
>
> 내가 앉았던 옛 자리가 있으니
> 묘망한 바다에 수없는 길

흰 돛은 하늘가에 사라지고
나는 꿈의 상자를 찾아
옛 바다에 투신한다

— 「고향」에서

　이 작품에서 화자는 고향에 돌아왔지만 고향은 "고전도 없고 현대도 없는" 집으로 인식된다. 즉 고향에서마저 진정한 안주처를 발견하지 못하는 시적 화자의 공허감이 시간적인 분열로 나타난다. 그는 고향이라는 공간 속에서 "과거나 현재 어느 시간 속에도 통합되지 못한"[3] 채 절망감에 휩싸여 있다. 그는 타향으로 떠돌며 슬픈 시간들을 보냈지만 다시 찾아온 고향은 늙으신 부모님만이 연민을 자아낼 뿐 그에게 아무런 희망을 던져주지 못한다. 그래서 눈물을 머금고 산으로 올라가 바다를 바라보는데 그가 바라본 "묘망한 바다"에는 수없는 길이 있지만 그 길을 헤쳐 갈 "흰 돛은 하늘가에 사라지고" 없다. 즉 현실을 벗어나 그를 미래로 실어다 줄 희망을 그 어디에서도 발견하지 못한 채 막연할 뿐이다. 완전한 희망의 상실, 미래와의 단절이다. 따라서 절망감에 휩싸인 시적 자아는 꿈의 상자를 찾아 옛 바다에 투신한다. 현재 또는 미래와 통합을 시도하는 것이 아니라 꿈을 찾아 과거로의 도피를 시도하는 것이다.
　이 시는 공간적으로 타향에서도 고향에서도 꿈을 실현하지 못하며, 시간적으로는 과거에서도 현재에서도 지향점을 찾지 못할 뿐만 아니라 미래마저도 차단된 시적 자아의 현실에 대한 좌절감과 무력

---

3) 송명희, 「좌절과 극복의 형이상학—김광섭론」, 『현대문학』 277호, 1978 1 (송명희, 『여성해방과 문학』, 지평, 1988, 215면.).

감을 나타내고 있다. 문제는 무엇 때문에 그처럼 시적 자아가 좌절감에 사로잡혀 있느냐가 구체적으로 드러나지 않았다는 데에 이 시의 관념성을 지적하지 않을 수 없다.

추상된 세계를 가지지 못한 시인의 생명은 의심스러울 것이나 이 추상된 세계란 현실을 통하여서의 이상이거나 반역일 것이다. 그러므로 저 건너에 깃들여 있는 추상된 세계의 거울은 곧 현실이요 현실 없는 추상은 없다. 그러므로 또한, 현실이 쓰거운데 추상의 세계만이 감미로울 수도 없다.[4]

시집『동경』의 발문에서 적은 대로 김광섭은 추상의 세계에서 시적 생명을 발견하려고 할 만큼 추상적 관념시를 다분히 의도적으로 창작했음을 알 수 있다. 그 의도성이 "20년대 시의 흥분과 영탄에 대치되어 당대시의 주류를 이루던 지성적 경향"[5]의 반영이거나, 조태일의 지적처럼 엘리엇 등 서구의 주지적 조류에[6] 가담하고자 한 것일 수도 있다. 중요한 것은 그가 자신의 시에서 나타내고 있는 추상을 현실에 토대를 둔 추상이라고 주장한다는 점이다. 따라서 그의 초기시가 보여주고 있는 무력감과 좌절감은 현실로부터 기인하는 무력감이요, 좌절감으로 해석할 수 있다. 다만 그의 시적 문제점은 관념적 시어의 빈번한 사용보다는 현실의 구체성이 드러나지 않은 모호성으로부터 발생하며, 이로 인해 관념성에 대한 부정적 평가가

---

4) 김광섭,『김광섭 시전집』, 일지사, 1974, 96면.
5) 최병우,「이산 김광섭 시 연구」,『선청어문』13집, 서울대 국어교육과, 1982, 38-39면.
6) 조태일,「시인의 삶과 민족」,『창작과 비평』45호, 1977년 가을, 240-241면.

나온다.

  그런데 시집 『동경』과 『마음』을 읽어보면 그의 시가 관념적 경향만을 보여주는 것이 아니라는 것을 금방 알게 된다. 「비 개인 여름 아침」과 같은 작품이 보여주는 선명하고 참신한 시각적 이미지는 모더니즘의 회화시를 연상시킨다.

    비가 개인 날
    맑은 하늘이 못 속에 내려와서
    여름 아침을 이루었으니
    녹음이 종이가 되어
    금붕어가 시를 쓴다

                                        -「비 개인 여름 아침」 전문

    작은 못가에
    푸른 하늘을 거느리고
    그대와 함께 앉았으니

    꽃은 물을 향하여 피고
    고기는 구름을 따라 놀더라

                                            -「풍경」 전문

  「비 개인 여름 아침」은 5행으로 된 짧은 시인데, 이 작품이 보여주고 있는 특징은 김광섭의 초기시가 지닌 또 하나의 경향으로 기록할 만하다. 「추상」, 「송별」, 「연인」, 「환상」, 「꽃 지고 그늘지는 날」, 「꿈」, 「초가을」과 같은 다수의 시들이 보여주는 관념성을 배제한 시적 새로움은 지금까지 주목받지 못했던 김광섭의 초기시의 중요한 특징으로 평가해야 한다. 위에서 인용한 「비 개인 여름 아침」과 「풍경」은 맑고 푸른 하늘, 물고기, 못이 공통의 시적 소재로 다루어지면서 거의 유사한 풍경을 시각적으로 연출하고 있다. 「비 개인 여름 아침」은 풍경을 바라보는 주체마저 사상된 시각적 이미지가 수채화처럼 다가온다. 「풍경」에서 시적 자아는 좀 더 통합된 경지를 노래한다. 멀리 떨어져서 풍경을 거리를 두고 바라보는 것이 아니라 풍경 속에 뛰어들어 그대와 함께 못가에 앉아 풍경의 일부를 이루고 있는 모습이다. 이 시에서 시적 자아는 하늘과 연못처럼, 연못과 고기처럼, 꽃과 고기처럼 '그대'라는 대상, 또는 세계와 완벽한 통합을 이루고 있다. 두 작품에서 시적 자아의 표상으로 여겨지는 '고기(금붕어)'는 시 「고독」에서 노래한 "고단한 물고기"와는 분명 다른 세계 속에 놓여 있다. 즉 세계와 통합되지 못하고 무력감과 고독에 휩싸여 있는 존재가 아니라 세계와 완벽한 통합을 이룬 존재인 것이다. 그리고 이처럼 자아가 세계와의 관계에서 완벽한 조화를 이룬 시에서는 전혀 관념성이 나타나지 않고 있다.

위에서 살펴보았듯이 관념적 색채의 시 못지않게 초기시에 모더니즘 계열의 회화시가 많다는 사실은 주목을 요하며, 이를 김광섭의 중요한 시적 특징의 하나로 평가해야 한다는 점이다. 김광섭의 초기시는 관념과 탈관념의 서로 상반되는 두 개의 시적 면모를 나타냈다. 따라서 초기시의 관념성은 다분히 의도적인 것으로, 일부 평자들의 지적처럼 시적 미숙성의 결과는 아니라고 할 수 있다.

2. 도시화의 부정적 징후와 생태주의 정신

1960년대 후반이 되면서 우리나라는 차츰 산업화 도시화의 물결에 휩쓸리며, 산업화의 부정적 징후들이 드러나기 시작했다. 「성북동 비둘기」를 비롯하여 「대서울」, 「와우아파트」, 「변두리」, 「산책」, 「번영의 폐수」 등은 도시화, 산업화로 인한 인간소외와 환경오염을 고발한 문명비평적 작품들이다. 따라서 1990년대 이후 생태주의 비평에 대한 관심이 제고되면서 김광섭의 「성북동 비둘기」와 같은 시들이 생태시의 범주에서 논의가 되고 있으며, 「성북동 비둘기」를 에코페미니즘의 관점으로 논의하는 논문도 발표된 바 있다.7)

  성북동 산에 번지가 새로 생기면서
  본래 살던 성북동 비둘기만이 번지가 없어졌다.
  새벽부터 돌 깨는 산울림에 떨다가
  가슴에 금이 갔다.
  그래도 성북동 비둘기는
  하느님의 광장 같은 새파란 아침 하늘에
  성북동 주민에게 축복의 메시지나 전하듯
  성북동 하늘을 한 바퀴 휘 돈다.

  성북동 메마른 골짜기에는
  조용히 앉아 콩알 하나 찍어 먹을
  널찍한 마당은커녕 가는 데마다

---

7) 손심현, 「에코페미니즘과 김광섭의 「성북동 비둘기」 연구」, 『문예시학』 10권, 충남시문학회, 1999.

채석장 포성이 메아리쳐서
피난하듯 지붕에 올라 앉아
아침 구공탄 굴뚝 연기에서 향수(鄕愁)를 느끼다가
산 1번지 채석장에 도로 가서
금방 따낸 돌 온기에 입을 닦는다.

예전에는 사람을 성자(聖者)처럼 보고
사람 가까이서
사람과 같이 사랑하고
사람과 같이 평화를 즐기던
사랑과 평화의 새 비둘기는
이제 산도 잃고 사람도 잃고
사랑과 평화의 사상까지
낳지 못하는 쫓기는 새가 되었다.

―「성북동 비둘기」 전문

　서울 성북동은 강북의 대표적인 고급주택가이다. 「성북동 비둘기」는 성북동을 고급주택가로 개발하는 폭력적인 도시화 과정을 그린 작품이다. 따라서 비둘기는 도시개발로 인하여 쫓겨난 산동네 원주민에 대한 상징으로 읽을 수 있다. 이 작품에서 표현하고 있는 갈등은 단순히 비둘기로 상징된 '자연'과 '문명'의 대립이 아니라 사회 계층적 갈등으로 파악된다. 즉 갈 곳 없이 하루아침에 삶의 터전을 빼앗기고 쫓겨난 도시빈민층과 그들을 몰아낸 세력과의 대립이다. 문제는 도시개발의 혜택이 빈민층에게는 전혀 주어지지 않은 채 삶의 터전을 빼앗기는 파괴적이고 폭력적인 박탈로 인식된다는 데 있다. 작품에서 그 파괴성과 폭력성은 돌을 깨는 포성으로 인해 "가슴에 금이 갔다"고 표현되는가 하면, 전쟁처럼 "포성이 메아리쳐서/ 피난하듯" 떠나야 했던 것으로 그려지고 있다. 즉 산동네 원주민들에게 성북동의 개발은 폭력적으로 그들의 삶의 터전을 빼앗기는 전쟁과 다를 바 없다. 그들은 전쟁시의 피난민처럼 쫓기는 신세로 전락하여 갈 곳이 없다. 그래서 "성북동 하늘을 한 바퀴 휘 돈다"나 "산 1번지 채석장에 도로 가서/ 금방 따낸 돌 온기에 입을 닦는다"는 구절은 아무런 이주대책도 없이 쫓겨난 산동네 원주민들이 갈 곳이 없어 정처 없이 그 주위를 맴도는 절박한 상황에 대한 비유이다. 결국 도시개발은 사람들로부터 산을 빼앗아 가버리고, 그곳에서 살던 사람들의 삶의 터전을 박탈하고, 그들의 마음에서 사랑과 평화를 빼앗아 가버린 비인간적인 개발이라는 것을 '비둘기'라는 상징을 통해서 노래했다. 따라서 비둘기는 더 이상 사랑과 평화의 상징이 아니라 삶의 터전을 빼앗긴 도시개발의 피해자로 표상된다. 하지만 이 시의 내포는 이보다 훨씬 넓다. 즉 인간세계의 비정한 문명에 밀려나는 비둘기를 통해서 현대문명 속에서 말살되어가는 사랑과 평화, 순수한 인간성을 상실해 가는 산업화된 문명의 비평에 그 주제를 두고 있다.[8]

시는 개인적 정서의 원천이지만 또한 그가 살아가는 동시대의 현실과의 접촉에서 우러난 사회적 경험의 기초 위에 서 있을 때에 보편화된다는 시관을 김광섭은 시집 『반응』의 서(序)[9]에서 밝힌 바 있다. 「성북동 비둘기」야말로 동시대적 현실과의 접촉에서 피어난 동시대적 보편성을 획득한 작품이라고 할 수 있을 것이다.

---

8) 송평희, 앞의 글, 219～220면.
9) 김광섭, 앞의 책, 456면.

「번영의 폐수」는 산업화의 환경오염이 초래한 생태파괴를 보다 직접적인 언어로 고발한다. 산업폐수가 먹이사슬에 연속적으로 작용하여 새끼 제비의 죽음으로 나타나는 현상을 통해 환경오염이 생명과 직결되는 문제라는 위기의식을 강하게 환기하고 있다.

하지만 김광섭의 많은 작품들은 변화해가는 도시풍경을 중심으로 도시화의 그늘을 노래하고 있다. 「변두리」에서 변두리의 풍경은 밭이 큰 거리로 변화하고, 흙을 벗고 시멘트를 입는 모습으로 날이 다르게 변모한다. 즉 "마구 깎아 낸 기슭/ 뼈얼건 황소 엉뎅이"에서 보듯이 무차별적이고 환경 파괴적 개발이 자행되고 있다. "도심을 태우는 불은/ 꺼지지 않고/ 거멓게 탄다"라는 구절에서 '거멓게 타는 불'은 산업화와 도시화를 추진하는 불온한 욕망의 불로서 그것은 도시를 '밝히는' 긍정적 불이 아니라 '태우는' 파괴적인 불이라는 경고적인 메시지가 담겨 있다.

산은 날아도 새둥이나 꽃잎 하나 다치지 않고
짐승들의 굴속에서도
흙 한 줌 돌 한 개 들성거리지 않는다
새나 벌레나 짐승들이 놀랄까봐
지구처럼 부동의 자세로 떠간다
그럴 때면 새나 짐승들은 기분 좋게 엎대서
사람처럼 날아가는 꿈을 꾼다

산이 날 것을 미리 알고 사람들이 달아나면
언제나 사람보다 앞서 가다가도
고달프면 쉬란 듯이 정답게 서서
사람이 오기를 기다려 같이 간다

산은 양지바른 면에 사람을 묻고
높은 꼭대기에 신을 뫼신다

(중략)

산은 나무를 기르는 법으로
벼랑에 오르지 못하는 법으로
사람을 다스린다

― 「산」 2·3·4·6연

 이 작품에서 산은 새둥지나 꽃잎 하나 다치지 않고 짐승들의 굴 속의 흙 한 줌 돌 한 개 들성거리지 않는다. 즉 그의 품 안에 새, 꽃, 짐승뿐만 아니라 흙과 돌을 보듬어 안고 섬세하게 배려하면서 평화롭게 공생한다. 즉 인간이 함부로 도시를 파헤쳐 버리고 사람을 쫓아내 버리는 개발을 하는 태도와는 근본적으로 다르다. 산은 사람에 대해서도 앞서 가면서도 정답게 기다려 주기도 하면서 배려와 상생의 자세를 보여준다. 또한, 산은 사람을 사랑하면서도 꼭대기에 신을 모시는 것으로 신에 대한 외경을 나타낸다. 즉 군림하려는 오만한 태도를 결코 취하지 않는다. 하지만 산은 사람과 친밀감을 유지하다가도 "사람 사는 꼴이 어수선하면" 끝없는 관용만을 베풀지는 않는다. 산은 두 가지의 큰 가르침을 주는데, 하나는 "나무를 기르는 법"이라는 돌봄과 배려와 사랑의 정신이며, 또 하나는 "벼랑에 오르지 못하는 법"이라는 자기의 한계를 알고 분수를 지키며 살아가는 겸손의 정신이다. 돌봄과 겸손이라는 두 가지 정신을 산은 높이 솟은 산봉우리와 깊은 계곡을 통하여 가르친다. 이처럼 산은 모든 것을 품어 안는 관용과 포용의 정신, 돌봄과 겸손, 봄과 여름의 두 계절이 평화롭게 공존하고 상생하는 정신을 실현한다. "대작 「산」에서 김광섭은 시라는 제한된 공간 안에 삼라만상의 존재원리를 한꺼번에 껴안아"10) 담아 일찍이 '산'이라는 대상이 표현한 바 없는 큰 정신세계를 유감없이 보여준다. 산이 구현하고 있는 이러한 정신이야말로 인간다운 삶을 구현하기 위해서 취해야 할 구경의 정신일 것이다. 그리고 이는 개발만능으로 치닫고 있는 산업화의 병적 징후를 치유할 대안적 정신세계라고 할 수 있다. 산업화의 부정적 징후들이 보다 광범위하게 나타나고 문학이 이에 대해 집중적인 관심을 보이기 시작한 것은 그의 타계 이후의 일이다. 하지만 본격적인 생태시로 씌어졌으리라고 생각되지 않는 「산」(1968)에서 보여준 관용과 포용, 돌봄과 겸손, 공생과 상생의 정신이야말로 이 시대가 수용해야 할 진정한 생태주의 정신이 아니겠는가.

3. 순환적 시간관 그리고 화해의 정신

시집 『성북동 비둘기』 이후 그의 시가 크게 변화했다는 것을 많은 논자들은 지적한다. 그리고 그 이유를 1965년 고혈압으로 졸도한 이후의 오랜 와병상태에서 찾고 있다. 「생의 감각」은 1주일 간의 생사를 오가는 무의식상태에서 가까스로 깨어났던 체험을 형상화한 작품으로 알려져 있다.

---

10) 김영무, 「이산 김광섭의 시세계」, 『세계의 문학』 8호, 1978년 여름, 76면.

여명(黎明)에서 종이 울린다.
새벽별이 반짝이고 사람들이 같이 산다는 것이다.
닭이 운다, 개가 짖는다.
오는 사람이 있고 가는 사람이 있다.
오는 사람이 내게로 오고
가는 사람이 다 내게서 간다.

아픔에 하늘이 무너지는 때가 있었다.
깨진 그 하늘이 아물 때에도
가슴에 뼈가 서지 못해서
푸르런 빛은
장마에 황야(荒野)처럼 넘쳐흐르는
흐린 강물 위에 떠갔다.
나는 무너지는 둑에 혼자 서 있었다.
기슭에는 채송화가 무더기로 피어서
생(生)의 감각(感覺)을 흔들어 주었다.

— 「생의 감각」 전문

이 작품에서 건강을 잃은 상태는 "하늘이 무너지는 때", "깨진 그 하늘", "장마", "무너지는 둑"으로 비유된다. 하지만 화자는 가까스로 깨어나 여명의 종소리를 듣는다. '여명(黎明)의 종소리'는 병의 괴롭고 긴 투쟁의 고통과 절망을 극복하고 재기의 아침을 알리는 재생의 종소리이다. 또한, '새벽별'은 깜깜한 죽음의 암흑을 극복하여 다시 눈뜬 생명의 가녀린 빛이다. '채송화'는 하찮지만 살아 있는 생명체로서 '나'로 하여금 생의 감각을 일깨우는 대상이다. 이처럼 죽음의 문턱까지 갔다가 돌아온 그는 주위를 돌아보며 "사람들이 같이 산다"는 공동체의 소중함을 깨닫는다. 또한, 닭과 개의 울음소리를 통해서 그 동물들도 함께 살아있는 소중한 존재라는 깨달음을 가진다. 그리고 둑에 피어 있는 보잘것없는 채송화를 통해서 살아 있음의 기쁨을 눈부시게 느낀다. 이 때 '기슭'과 '둑'은 생과 사를 가르는 갈림길이다. 그는 죽음의 거친 흐름인 '장마'에 휩쓸려갈 수도 있었는데, 가까스로 깨어나서 둑의 기슭에 피어 있는 채송화를 바라보며 "생의 감각"과 환희를 맛보게 된 것이다. 그는 같이 살아가는 인간 공동체, 동물과 식물, 즉 삼라만상을 '생의 감각'이라는 새로운 시각으로 새롭게 받아들이는 소중한 체험을 하게 된 것이다.

이러한 그의 와병 체험은 삶과 죽음의 순환론적 시간관으로 표출되고, 화해와 관용의 정신으로 확대된다. 그는 더 이상 삶과 죽음을 분리시키지 않는다.

> 죽음도 삶도 옆에 있는 것이지만
> 가서 만날 곳이 없는 것이 죽음일 뿐이다
>
> 사람은 그 죽음을 품에 안고 참으며
> 닭의 알처럼 삶을 낳는다
> 그러니 죽음이 있어도
> 인간은 영원히 있는 것이다
>
> ―「인간은 영원히 있다」에서

화자는 삶과 죽음이 분리된 것이 아니라 친근한 이웃처럼 "옆에 있는" 것이라고 진술한다. 또한, 사람은 죽음을 품에 안고 참으며, 죽음은 닭의 알처럼 삶을 낳는다고도 말한다. 그러니 죽음이 있어도 그것은 끝이 아니라 인간은 영원히 존재하는 것이라는 순환론적 논리가 성립된다. 이런 순환론적 시간관에 따라 「이사」라는 시에서는 죽음을 단지 '이사'라고 담담히 진술할 수 있는 여유가 생기는 것이다. 「저녁에」라는 아름다운 시에서는 천상적 존재인 별과 지상적 존재인 나의 상호응시를 통해서 천상과 지상, 밝음과 어둠, 너와 나의 거리가 소멸되면서 만남과 헤어짐도 윤회 속에서 반복되리라는 순환론적 시간관이 제시되고 있다. 실로 순환적 시간에서는 세속의 시간과 신성한 시간이, 일상적인 삶의 시간과 종교적 삶의 시간이 일치한다.11)

>   그래서 봄은 사랑의 계절
>   모든 거리가 풀리면서
>   멀리 간 것이 다 돌아온다
>   서운하게 갈라진 것까지도 돌아온다
>   모든 처음이 그 근원에서 돌아선다
>
>   나무는 나무로
>   꽃은 꽃으로
>   버들가지로
>   사람은 사람에게로
>   산은 산으로
>   죽은 것과 산 것이 서로 돌아서서
>   그 근원에서 상견례를 이룬다
>
>   ― 「몸」에서

---

11) 이진경, 『근대적 시·공간의 탄생』 개정판, 푸른숲, 2002, 36면.

특히, 그는 사계절 가운데서 '봄'을 의미 깊게 노래한다. 봄은 모든 거리가 풀리는 사랑의 계절이다. 봄은 멀리 간 것이 돌아오고, 서운하게 갈라진 것도 돌아오고, 모든 처음이 그 근원에서 돌아서는 계절, 즉 화해와 용서와 근원으로 회귀하는 계절이다. 즉 나무는 나무로, 사람은 사람에게로 돌아서는 근원으로의 회귀가 이루어지며, 나아가 죽은 것과 산 것이 근원에서 상견례를 하는 계절인 것이다. 다시 말해 삶과 죽음마저 경계를 넘어서서 서로 화해하는 계절인 것이다. 그는 이 엄청난 사랑과 화해의 정신을 죽음 경계에까지 갔던 병의 경험으로부터 얻었고, 산과 같은 대자연으로부터 배웠다. 그야말로 "병은 앓으면서도 양식(良識)을 기른다"(「병」에서)라는 시구처럼 그는 병으로부터 삶의 큰 지혜에 눈뜨게 되었고, 그 지혜는 후기 시의 빛나는 문학적 성취로 확산되었다. (『문학사상』 398호, 2005.3)

송명희 시평론집 | 시 읽기는 행복하다

5. 성기조의 '달동네' 사랑학

성기조 시인은 연작시집 『달동네 사랑』(1989)에서 우리 사회가 자본주의화 되어감에 따라 경제적 물질적 풍요 속에 놓였음에도 오히려 많은 사람들이 내적 빈곤과 정신적 가난을 겪고 있으며, 이것은 우리 시대가 극복해야 할 당면과제라고 진단하고 있다. 그는 우리 사회는 1970년대를 고비로 육체적 배고픔의 상징이었던 보릿고개가 사라졌지만 육체적 배고픔보다 더 심각한 내적 빈곤상태, 즉 정신적 보릿고개의 위기에 처해 있다고 본다. 더구나 물밀 듯이 쏟아져 들어오는 외래문화의 와중 속에서 우리 민족이 겪는 정체성의 혼란은 우리가 참으로 소중하게 지켜나가야 할 정신이 무엇인가에 대해 지속적 관심을 갖게 만들었다는 것이다. 바로 이러한 관심이 연작시집 『달동네 사랑』을 탄생시켰다고 본다.

그는 시집 『달동네 사랑』에서 경제발전과 산업화 과정에서 우리 민족이 잃어버리고 있는 인정과 사랑, 그리고 공동체적 유대의 회복이야말로 정신적 보릿고개를 넘는 대안적인 정신이라고 강조한다. 그리고 달동네 주민들이야말로 이런 소중한 정신적 자산을 가꾸고 지켜나가는 건강한 사람들로 인식한다. 시집 『달동네 사랑』은 물질적 풍요 속에서도 내적 빈곤에 시달리는 현대인들을 향해 사랑의 노래를 줄기차게 들려주고 있다. 이것이야말로 우리가 진정 소중하게 가꾸어 나가야 할 인간적 가치라고… .

그러면 달동네란 어떤 곳인가? 달동네는 우리나라의 공업화가 추진되면서 인구의 급격한 도시집중이 만들어낸 공간이다. 그곳은 산업화의 과정에서 농촌이 황폐화되고 일터가 도시로 옮겨지면서 어쩔 수 없이 농촌을 떠나 도시로 옮겨온 농촌사람들이 살고 있는 공간이다. 도시의 번화가가 자본주의의 빛이요, 꽃이라면 도시의 변두리인 달동네는 그 빛과 꽃이 존재하기 위해서 필요한 그림자요, 뿌리라고 할 수 있을지 모른다.

이 달동네 주민들의 몸은 도시의 험한 산비탈이나 변두리에 발 디디고 서 있지만 그들의 정신은 그들이 떠나온 농촌을 결코 잊지 못한다.

비가 안 온다고 안달하던
목천댁이
두고 온 농사 걱정을 한다
농사 걱정해 봐야 모 심을 한 떼기 땅도 없는데
비가 안 오면 숨이 막힌다고 말하던
목천댁이
땀흘리며 달동네를 오르내린다
먹고 사는 게 팔자 소관이라고 생각하며
비가 안 오면 난리 난다고 말하던
목천댁이
버리고 온 집 생각을 한다
단돈 십만 원이라도 받아야 했는데

에이 십만원 받으려고 했으면
여기, 달동네로 이사를 못 왔을 걸
후회해서 뭣 해
내년에 가 봐야지 떠나온 고향
목인 맨 목천댁이 달동네 아리랑을 부른다

- 「달동네 사랑·7」 전문

　달동네의 주민은 도시의 토착민이 아니다. 그들은 도시에 발 디디고 살면서도 농촌을 그들의 영원한 고향으로 생각하는 농민들이다. 비록 고향에 모를 심을 땅 한 떼기 없어도 비가 안 오면 농사 걱정을 하고, 달동네의 가파른 산비탈을 오르내리면서도 마음은 떠나온 고향집에 가 있는 것이 그들이다. 그들은 도시의 화려한 삶을 원해서 고향을 떠나온 것이 아니라 농촌이 생존의 터전으로서의 기능을 상실해 버렸기 때문에 단돈 십만 원도 받지 못한 채 고향집을 버리고 먹고살기 위해서 어쩔 수 없이 도시로 쫓겨온 산업화 시대의 서자, 즉 소외되고, 뿌리뽑힌 도시의 서민이다.

보리밭에서 종달새가
바람을 불러 모아
하늘에 날고
밭둑에는 흰 찔레꽃이
하품을 하고 있었다

햇볕은 졸졸거리는 시내에서
물을 데리고 놀고 있는데
구름이 늦봄을 시새워

정자나무를 흔들었다

한나절 밭고랑에 콩을 심고
따스한 점심밥에
당신의 입김을 느껴
고추장으로 썩썩 비벼 한 입 물었다

사랑은 가슴 조이는 것
말이 없는 것
일상으로 애태우며 그리워하는 것
눈에 넣어도 항상 아프지 않은 것

—「달동네 사랑·57」전문

 이들이 이상적으로 그리는 삶은 도시의 화려한 불빛, 풍요로운 아파트가 아니라 자연과 함께 동일화를 이루었던 농촌적 삶이다. 보리밭에서 종달새가 지저귀며, 밭둑에는 흰 찔레꽃이 피어 있고, 졸졸거리는 시냇물과 따스한 햇별, 그리고 밭일을 하다가 밭고랑에 앉아서 먹는 점심밥…. 이것이야말로 달동네 사람들이 말없이 가슴 조이며 사랑하는 삶의 양태이며, "일상으로 애태우며 그리워하는 것/ 눈에 넣어도 항상 아프지 않은" 삶의 풍경이다. 농촌에서 자연과 더불어 농사를 짓는 안빈낙도의 삶, 이것이 달동네 주민들이 도시로 떠나와서도 한시도 잊지 못하는 유토피아적 삶의 모습이다.
 이들은 원해서 도시로 떠나온 것이 아니라 쫓기듯이 고향을 떠나왔지만 도시가 무조건 이들을 반겨주고, 이들에게 인간다운 삶을 보장해 주는 것은 아니다. 따라서 달동네의 외양은 가난과 빈곤에 찌들어 있다.

5. 성기조의 '달동네' 사랑학   105

시궁창 냄새가 코를 찌르는 골목을 지나
헉헉대며 비탈길을 오른다
가로등은 있으나마나
전구가 깨진 지 석 달 열흘이 지났어도
누구 하나 고치는 이 없다

아침마다 골목에서 마주쳐도 반가운 일 없고
원수질 것도 없는
덤덤한 일만 가득한 동네

발 뻗고 누우면 벽이 닿아
답답한 숨을 몰아쉬어도
어쩔 수 없는 형편이다

―「달동네 사랑·2」에서

   달동네는 농촌보다도 훨씬 열악한 생존환경 속에 놓여진다. 달동네 주민들은 도시의 기반시설과 복지혜택을 전혀 받지 못한 채로 시궁창 냄새가 코를 찌르는 골목을 지나 가로등도 들어오지 않는 비탈길을 헉헉대고 올라가야 산비탈에 위치한 집으로 겨우 돌아갈 수 있다. 하지만 그들이 집으로 돌아가 본들 그곳은 여러 가구가 세 들어 있고, 온 식구가 같이 잠을 자야 할 단칸방일 뿐이다. 공간적인 면에서 달동네는 그들이 떠나온 농촌보다 훨씬 열악한 곳이다. 그렇지만 산업화가 농촌을 황폐화시키고 농민으로서의 삶을 불가능하게 만들어버렸기 때문에 그들은 일터를 찾아서 도시로 옮겨오지 않을 수 없었다. 그러면 그들이 도시로 쫓겨 와 찾아낸 일은 무엇인가?

딸라돈 백만 원에
하루 이자 만 원인데
그 돈 얻어 포장마차 차리고
다섯 시만 되면
가게를 연다

멍게 사고
낙지 사고
빈대떡 부쳐
안주 만들고
진로 소주를 짝으로 들여 놓는다

어묵을 펜 꼬치안주가
일품이란 소문이 나서 웅성대지만
이자 갚고 원전 떼면 남는 게 없다

그래도 신나게 술장사 하면
마른하늘에 벼락치듯
어느 날 갑자기 돈 번다는데
웬일일까
하늘에선 벼락이 없어졌다

— 「달동네 사랑·13」 전문

가진 것 없는데 마음은 곱다
줄 것은 없는데 생각은 많다
아침부터 부지런 떨어도
할 일이 없다

봉투도 부치고 꽃도 만들지만
받는 것은 하루에 삼천 원

— 「달동네 사랑·17」에서

일당 만 원에 화가 치밀어
몽땅 대포 마실까 하다가 너를 생각한다
네가 없는 세상은 불 꺼진 세상

종로통에 미어지게 사람이 몰려 답답할 때
문득 너를 생각한다
네가 없는 세상은 기둥 없는 판자집

반나절 일하고 돌아와 네 얼굴 그리워
빈둥대다 해 져도 오지 않는 너
내일부터 파출부 그만두자
굶기야 하겠는가
우리 함께 살자
네가 없는 세상은 풍진 세상

— 「달동네 사랑·25」에서

하루에 열 두 시간 일하고
한 달에 이십만 원 받아도
날마다 한 시간씩 더 일할 테니
삼만 원만 더 달라고 졸랐다

심만 원만 있으면
삼만 원만 더 있으면

너와 나는 한 달에 서른 번
골목 초입에 있는 다방에 마주 앉아
오백 원짜리 차를 마시면서
붕어 새끼처럼 입도 맞출 텐데—

― 「달동네 사랑·3」에서

    특별한 기술이나 지식이 없고 학력도 장사밑천도 없는 이들이 도시로 와서 구한 일이라는 것은 이자가 엄청난 소위 '딸라돈'이라는 것을 빌려 포장마차를 차리거나, 하루 삼천 원 일당을 받으며 봉투도 부치고 꽃을 만드는 일, 그리고 반나절 일한 수당이 만 원밖에 안 되는 막일이나 파출부 일, 그리고 하루에 열두 시간씩 일하고 이십만 원을 받는 공장 근로자 등이다. 즉 이들은 제대로 된 번듯한 직장을 구하지 못한 채 뜨내기장사나 허드렛일, 막일, 그리고 공장 근로자와 같은 일로 형편없는 수당을 받으며 하루하루를 힘겹게 살아간다. 이들은 잔업을 하여 한 달에 단돈 삼만 원만 더 받아도 다방에서 데이트도 하고 사랑을 나눌 텐데 그만큼의 여유조차 허용되지 않는다.

    가야한다

    우리들의 피곤한 몸을
    산 밑 동네
    알맞게 꾸며 놓은
    네모진 방으로 돌아가야 한다

가야한다

도시의 소음과
못 믿을 언어를 버리고
헛된 꿈을 버리고
우리의 고향, 달동네로 가야한다

구름처럼 피어오르는 인정
복닥거리는 말싸움
넉넉지 못한 나눔이 있는 달동네
그곳으로 가야한다

― 「달동네 사랑·10」에서

    그들이 낮에 생존을 위하여 도시의 소음과 못 믿을 언어 속에서 살아갈지라도 도시란 헛된 꿈을 안겨주는 장소일 뿐 그들의 진정한 안식처는 되지 못하는 것으로 인식한다. 비록 달동네일망정 그곳에는 인정이 피어오르고, 복작거리는 말싸움과 같은 사람이 살아가는 활기가 넘치고, 넉넉지 못하지만 나눔의 정신이 있는 사랑과 인정이 피어오르는 곳이다. 그래서 시인 성기조는 바로 빈곤한 외양과는 상반된 달동네의 풍요로운 인정과 사랑 속에서 현대인의 정신적 빈곤을 치유할 인간적 가치를 발견하게 되는 것이다.
    레이먼드 윌리엄스(Raymond Williams)는 『시골과 도시』(The Country and the City)에서 시골을 순진, 만족, 선한 삶으로, 도시를 속됨, 야박함, 돈의 타락된 힘, 소외, 야가 같은 양극화된 표상으로 이해했다.
    달동네 사람들은 레이먼드 윌리엄스가 '농촌과 도시'를 이분법적으로 구분지어 이해했듯이 농촌적인 순수함과 사랑과 공동체적 삶의 형태를 가슴 속에 안고 살아가는 사람들이다. 달동네는 속되고 야박하고 타락되고 돈과 악이 지배하며, 욕망을 끊임없이 자극받는 도시공간이 아니라 물질적으로는 빈곤하지만 정신적으로는 한없이 풍요롭고 건강한 사람들이 살아가는 공간, 즉 도시 속의 농촌이다. 달동네는 도시 속에 존재하지만 더 이상 질병과 타락과 소외와 이기적 욕망의 기호로서 기능하고 있지 않다. 오히려 건강한 사랑이 넘쳐나는 상호의존적이고 공동체적 유대가 넘쳐나는 공간의 기호로 형상화되고 있다. 산업화 도시화 경제적 풍요 속에서 잊고 있는 사랑, 공동체적 유대, 상호의존 등의 가치에 대한 재발견을 이번 시집은 '달동네'라는 공간 표상을 통해서 이끌어내고 있다.

> 어쩔 것인가
> 산꼭대기 달동네에 산다고
> 날 어쩔 것인가
> 아파트 열쇠도
> 금고 열쇠도 없는데
> 날 어쩔 것인가
> 있는 것은 고운 마음
> 토실한 몸매
> 일할 만한 힘
> 죽도록 사랑하는 정열
> 그것뿐인데
> 날 어쩔 것인가
>
> ―「달동네 사랑·9」 전문

달동네에서의 삶은 아파트도 자동차도 금고도 없는 가난하기 그지없는 삶이다. 하지만 그들에겐 고운 마음, 토실한 몸매, 일할 만한 힘, 죽도록 사랑하는 정열과 같은 건강한 삶의 가치가 살아서 숨 쉬고 있다. 아파트나 금고로 표상되는 자본주의 사회의 덕목은 하나도 갖지 못했지만 그들에겐 고운 마음과 건강, 그리고 정열이 살아 숨 쉬고 있고, 이것이야말로 현대인의 정신적 빈곤과 허기를 벗어나게 해줄 소중한 덕목이라고 시인은 보고 있는 것이다.

> 언제나 나쁘게 먹고
> 한 번도 배불러 본 적 없다
> 비단 옷 입는 것은 꿈에서나 본 일
> 한 집에 세 식구, 세 들어 살아도
> 악다구니 쓰며 싸우지 않았다
>
> ― 「달동네 사랑·8」 전문

달동네에서의 삶은 의식주가 전혀 풍요롭지 않아도 "악다구니 쓰며 싸우지" 않는 평화로움이 깃들어 있다. 끝없이 욕망을 추구하기 때문에 서로가 경쟁하고 싸우는 도시적 삶과는 거리가 있는 정신적 풍요가 그들에게는 존재하고 있다. "가난이야 말할 수 없지만/ 사랑은 넉넉합니다/ 혼수를 마련 못해 입은 것뿐이라도/ 마음은 언제나 훈훈합니다"(「달동네 사랑·19」에서)처럼 외적인 가난에 지배받지 않는 '사랑'과 '마음의 풍요로움'이야말로 도시화, 산업화, 자본주의화의 와중에서 우리 민족이 잃어가고 있지만 회복해야 할 정신이라고 시인은 반복해서 강조한다.

어항 속에서 입 맞추며 사는 붕어
둥지 속에서 재잘대며 사는 제비
방안에서 꼭 껴안고 사는 우리

깃을 벌려 병아리를 품는 어미닭
외양간에서 갓 낳은 새끼를 핥는 어미 소
꿀꿀대며 열 마리 새끼에 젖을 주는 어미 돼지

떠나지 말자, 미워하지 말자
그리고 사랑하자
사랑이 없으면 붕어도 제비도 어미닭도
어미 소 어미 돼지도 없다
꼭 껴안고 살 우리도 없다

― 「달동네 사랑·59」 전문

   이 시는 붕어, 제비, 인간, 닭, 소, 돼지를 살리고 키우는 힘이 사랑이라고 역설한다. 사랑이야말로 생명의 본질이며, 생명을 유지시키는 원동력이다. 사랑은 어미 닭과 어미 소, 그리고 어미 돼지가 새끼를 품어 키우듯이 인간을 비롯한 모든 생명을 품어 키운다. 사랑이 없다면 생명 그 자체도 없는 것, 그만큼 인간에게 사랑은 그 어떤 것보다도 가장 소중한 가치이다.
   그러면 시인이 반복해서 강조하고 있는 사랑이란 추상명사의 구체적 의미는 무엇인가?

새가 날아오는 것을 보면 행복하다
하늘에서 푸드득 대며 날개를 펴는 것은

무한한 자유, 멋진 비상이다

새가 작은 알을 깨고 나와
숨 쉬고 노래하고 바람을 가르며
하늘을 나는 것은 엄청난 행복이다

창조는 틀을 깨야 이룩되는 것
작은 새가 알을 깨고 나오는 것처럼
사랑은 창조적 힘이 있어야 한다
하늘을 날으는 새가 알을 깨고 나오듯
사랑은 자유
사랑은 비상
사랑은 창조
사랑은 이해
사랑은 협동
사랑은 믿음
사랑은 화해
사랑은 이 모든 것이 들어 있는 알이다

알은 암컷을 통해 산란되고 부화되듯
사랑은 돌고 도는 것
사랑은 굴렁쇠다

― 「달동네 사랑 · 60」 전문

이 시에서 사랑은 자유, 비상, 창조, 이해, 협동, 믿음, 화해야 같은 복합적 의미를 아우르는 앰비규티(ambiguity)의 시어임이 밝혀진다. 결국 사랑은 자유, 비상, 창조, 이해, 협동, 믿음, 화해까지도 만들어

낼 수 있는 무한한 창조적 힘을 표상하는 다층적 의미로 사용되었다. 시인은 물질에 속박된 부자유한 삶을 벗어나 사랑을 끝없이 부화시키고, 굴렁쇠처럼 돌려서 이 세상을 무한한 사랑의 세상으로 변화시켜 진정한 행복과 자유에 도달해야 한다고 노래한다.

시인 성기조는 『달동네 사랑』에서 달동네의 빈곤한 외양 속에 살아 숨 쉬는 사랑이란 인간다운 가치를 발견하고, 이것이야말로 현대를 살아가는 우리들이 잃지 않아야 할 소중한 정신적 자산이요, 가치라고 역설한다. 왜 현대인은 물질적 풍요 속에서도 마음이 가난한가? 달동네 사람들을 보라! 이들은 물질적 빈곤 속에서도 넘치는 사랑으로 인간다운 삶을 살고 있지 않은가 하고 깨우쳐 준다. 인간의 진정한 행복은 물질적인 풍요에 있는 것이 아니라 넘쳐나는 사랑에 있음을 이번 시집은 반복해서 교시하고 있다. (한국비평문학회 편, 『한 인문주의자의 꿈꾸기-성기조문학연구』, 한국문화사, 1999.6)

송명희 시평론집 | 시 읽기는 행복하다

6. 전일(全一)과 통합(統合)의 시학(詩學)
― 김상훈의 시세계

1. 외적 자아와 내적 자아의 통합

　민립(民笠) 김상훈(金尙勳)은 1977년에 『파종원(播種苑)』이란 시집을 발간한 이후 지금까지 『우륵(于勒)의 춤』(1989), 『내 구름 되거든 자네 바람 되게』(1996), 『산거(山居)』(1996), 『다시 송라(松羅)에서』(1996)와 한영대역 시선집 『대밭바람 솔밭바람』(1997)에 이르기까지 모두 6권의 시집을 발간해왔다.

　그런데 그의 시적 경력은 첫 시집 『파종원』을 발간한 1977년보다 훨씬 멀리 20년 전으로 거슬러 올라간다. 즉 1957년에서 59년 사이에 전국시조백일장에서 세 차례나 입상되었는가 하면, 1960년에는 전국문예작품 시부 수석당선이라는 영광을 안았으며, 1966년에는 제1회 매일신문 신춘문예 시조부에 당선된 바 있다. 이처럼 그는 오랜 세월을 두고 시인, 특히 시조시인으로서의 꿈을 키워오고 있었다.

　그리고 1958년에 제1회 「매일신문」 신춘정치논문에 입선되고, 1961년에는 제1회 「부산일보」 신춘논문에 입선되어, 1967년에 「대구

일보」 논설위원으로 입사한 이래 1975년에는 「부산일보」 논설위원으로 자리를 옮겨 현재 부산일보사 사장을 두 차례나 역임하고 있다.

현재 민립 김상훈의 대표적인 사회적 마스크는 부산지역을 대표하는 언론사의 사장이라는 얼굴일 것이다. 그는 신문사의 최고경영자로서 IMF하의 어려운 시기에도 「부산일보」를 우리나라 최고의 석간신문으로 위상을 높여놓는 등 탁월한 경영능력을 과시해 왔다.

그럼에도 그는 늘 자신의 정체성을 언론사의 최고경영자로서보다는 논설위원으로부터 시작하여 주필에 이르렀던 논객의 위치에서 찾는다. 그만큼 글 쓰는 이로서의 자기표현과 시대읽기에서 가장 높은 가치를 발견하는 삶을 30여 년에 걸쳐 살아왔던 것이다.

1977년에 쓴 작품 「무얼 어떻게」에서 보면 "직필(直筆)・직언(直言)・직심(直心)"을 언론인의 최고의 가치로 삼아왔음에도 이것을 불가능하게 만드는 억압적인 정치와 시대에 대한 절망감이 짙게 표출되어 있다.

>   무얼 어떻게 쓰란 말이냐.
>   붓대를 통째로 꺾어 놓고는
>   무얼 어떻게 말하란 말이냐
>   입에 재갈을 물려 놓다가
>   숫제 혀까지 잘라놓고는
>   눈도 막고
>   귀도 막고
>   볼 수 있는 것
>   들을 수 있는 것
>   죄다

6. 전일(全一)과 통합(統合)의 시학(詩學) — 김상훈

    가리고 숨기고 소리죽여 놓고는
    무얼 쓰고
    무얼 말하란 말이냐.
    直筆・直言・直心은
    사전에나 있는 말
    그 사전마저도
    半古의 紙葉처럼
    퇴색된 세상
    눈도 귀도 입도 손도 없이
    허수아비가 된 우리
    정작
    무엇을 어떻게 하며
    살란 말이냐.

                                             — 「무얼 어떻게」 전문

  잘 알다시피 1977년은 박정희 군사정권의 말기로서 그 어느 때보다도 정치적 억압이 극에 달하던 시기였다. 정치적 억압은 국민의 당연한 알 권리와 말할 권리를 박탈하는 언론에 대한 극심한 탄압으로 이어졌다. 언론인으로서의 정체성마저 부정당하는 시대에 대한 절망감은 "눈도 귀도 입도 손도 없이/ 허수아비가 된 우리"라는 구절 속에 잘 함축되어 있다. "직필(直筆)・직언(直言)・직심(直心)" 대신에 "죄다/ 가리고 숨기고 소리죽여 놓"은 세상에서 "무얼 쓰고/ 무얼 말하란 말이냐"라고 화자는 통한의 절규를 한다. 또한, 쓰고 말할 권리를 부정당하는 것은 결국 "무엇을 어떻게 하며 살란 말이냐"에서 보듯 삶 그 자체에 대한 부정에 다름 아니라는 좌절감과 절망의식으로 이어진다. 언론인으로서 제대로 기능할 수 없는 삶은 생명을 잃어버린 '허수아비'의 삶에 불과한 것이라는 깊은 탄식을 「무얼 어떻게」는 절절히 표현했다.

'언론인 김상훈', 이것이 민립의 외적 사회적 자아의 얼굴이라면 '시인 김상훈', 이것은 민립의 외적 사회적 자아가 담을 수 없는 것들을 표현해내는 또 다른 자아의 얼굴이다. 즉 내적 자아, 또는 감성적 자아라고 할 수 있을 것이다. 직언 직필의 강직한 언론인이라는 김상훈의 사회적이고 남성적인 자아, 즉 페르조나(persona)에 가려진 시인이라는 내적 인격은 지극히 다정다감하고 부드러운 감성(pathos)과 예감능력을 갖추고, 외적 인격인 페르조나에 대응한다. 그는 때로 강직하고 매우 남성적인 신뢰를 주는가 하면, 때로는 더할 나위 없이 부드럽고 여성적이며, 다정다감한 정감에 흘러넘친다. 이러한 인간적 다양성은 외적 자아와 내적 자아, 즉 언론인과 시인이라는 두 자아를 잘 조화시키고 통합시킨 데서 나왔다고 보여진다.

실로, 원만한 인격으로의 통합과 자기실현의 과정에서 외적 자아와 내적 자아의 통합은 너무도 중요하다. 칼 융은 남성 안의 내적 인격 아니마(anima)와 여성 안의 내적 인격인 아니무스(animus)는 자아의식을 무의식의 심층, 즉 '자기'에로 인도하는 인도자(psychopomos), 또는 매개자 역할을 하는 무의식의 원형 중에서도 특수한 원형이라고 했다.

만약, 민립이 다정다감한 가슴과 민감한 예감능력을 갖지 못한 채 언론인이라는 외적 인격에만 충실한 인간, 즉 로고스적 지혜와 분석적이고 날카로운 머리만을 가진 인간이었다면 그는 사회적으로는 성공했지만 인간미는 결여된 무미건조한 인간이 되고 말았을지도 모른다. 하지만 그는 아니마의 매개에 의한 풍부한 창조력에 힘입어

보다 전일(全一)의 인간, 보다 온전한 인간(vollständiger)으로 자기실현과 성숙이 가능했다. 그리고 이 아니마의 풍부한 창조력은 그를 한 명의 시인으로 완성시킨다.

김준오는 서정시의 가장 중요한 특징을 내적 세계와 외적 세계를 상호연관시키는 능력으로 파악했는데, 그가 자신의 내부에 존재하는 아니마 내지 파토스를 얼마나 소중히 여기고 가꾸어 외적 세계와 조화시켜 왔는가는 「너와 나」라는 시를 통해서 잘 확인된다.

　　너는 성안에서 霸王으로 살고
　　나는 산정에서 억새되어 산다.

　　너는 衆人의 仰慕 위에 있고
　　나는 비 바람의 휘살림에 있다.

　　너에겐 嚴威가 생명이 되고
　　나에겐 외로움이 생명이 된다.

　　너에겐 성안만이 視界이지만
　　나에겐 天涯 地涯 遮障이 없다

　　너는 항시 소란 속에 耳鳴되지만
　　나는 항시 청명하게 귀가 열린다.

　　솔바람 산새소리 계곡 물소리
　　내가 누린 이 청복이 네게는 없다

(중략)

날이 가고 달이 가고 때가 기울면
우리는 모두 함께 떠나야 한다.

그날 그때 그 終章의 채비를 위해
너와 나는 전혀 달리 자리해 있다.

너는 성안의 榮冠을 쓴 覇王
나는 산정의 고절을 안은 억새.

- 「너와 나」에서

이 시에서 '성안의 패왕(覇王)'과 '산정의 억새'로 표상된 '너와 나'는 타자와 자아의 관계가 아니다. 그것은 자아 안의 두 얼굴을 의미한다. 위에서 말한 대로 외적 자아와 내적 자아라는 두 얼굴의 상징으로 읽혀진다. 그런데 중요한 것은 외적 자아를 '너'로, 내적 자아를 '나'를 지칭하고 있는 점이다. 즉 시인은 내적 자아에서 보다 진정한 나, 즉 본질적 자아를 발견하고 있음을 볼 수 있다. 비록 '너'가 "영관(榮冠)을 쓴 패왕(覇王)"의 자리에서 "중인(衆人)의 앙모(仰慕)"를 받으며, "엄위(嚴威)"를 생명으로 삼는다고 하더라도 너의 "시계(視界)"는 성 안의 협소한 공간에 불과하고, "솔바람 산새소리 계곡 물소리"도 들을 수 없으며, "따슨 양광 맑은 이슬 소슬(簫瑟)한 산기(山氣)"도 누릴 수 없는 소란 속에 놓인 존재일 뿐이다. 반면에 '나'는 고독한 "산정(山頂)의 억새"처럼 "비바람의 휘살림"에 시달리고, 외로움을 생명으로 삼고 살아간다. 그렇지만 나의 시계는 "천애(天涯)

지애(地涯) 차장(遮障)이 없"는 광대무변의 광활한 공간으로 확대되어 있으며, '나'는 '너'가 가질 수 없는 "솔바람 산새소리 계곡 물소리"와 "따슨 양광 맑은 이슬 소슬(簫瑟)한 산기(山氣)", 즉 자연의 "청복(淸福)"을 충분히 누리는 자유로운 삶을 살고 있다. 그리고 이 시의 시적 자아는 '너'가 성취한 세속적 성공과 화려함을 그저 소란하고 소외된 타자의 삶으로 치부하며, 오히려 세속적 가치들로부터 동떨어졌지만 자연친화적이며 고독하고 자유로운 '나'의 삶에서 진정한 자아를 발견한다.

그런데 이 시는 대립하고 있는 너와 나의 두 얼굴을 시화하려는 데 목적이 있지 않다. 시의 후반부에서 '성안의 패왕(覇王)'과 '산정의 억새'로 표상된 이미지의 이원적 대립은 해소된다. 즉 너와 나는 "우리"라는 전체로 엮여지며, "허랑(虛浪)히 잃어가는 세화(歲華)"를 함께하고, "모두 같이 떠나야" 할 존재이다. 또한, "종장(終章)의 채비를 위해" "달리 자리해 있"는 통합된 자아의 두 얼굴로 진술된다. 즉 "산정의 억새" 같이 외로운 '나'는 "성안의 영관(榮冠)을 쓴 패왕"을 보다 전일(全一)의 자아, 통합(統合)된 자아로 이끄는 아니마요, 매개자인 것이다. 이 아니마의 매개가 있기에 '나'란 전체는 편협함을 넘어서서 보다 풍요롭고 확대된 삶, 온전한 인간으로 자기실현이 가능해진다. 이와 같은 통합된 삶의 양태야말로 민립이 지향해온 성숙된 인격의 목표이며 삶의 이상일 것이다. 민립은 세속적 성공만이 있는 무미건조한 삶만도, 세속을 등진 은자적인 고독한 삶만도 원하지 않았다. 어떤 의미에서 그는 세속적 성공과 내적 풍요로움을 둘 다 추구했다. 즉 외적 자아와 내적 자아의 긴장과 갈등, 그리고 대립을 넘어선 통합된 자아, 전일의 자아를 지향했고, 이를 완성하는 데 성공했다. 실로, 「너와 나」를 썼던 1974년으로부터 긴 세월이 흐른 현재에서 볼 때에 그가 시에서 추구했던 인간적 지향은 성공적으로 성취되어 있음을 확인할 수 있다. 그런 의미에서 민립은 시 「너와 나」에서 예언적으로 자신의 삶의 자세를 천명했으며, 또한 자신이 시에서 천명했던 삶을 성공적으로 살아온 사람이라고 할 수 있다.

외적 자아와 내적 자아 사이의 균형을 추구하려는 시적 태도는 여러 작품에서 나타나고 있다. 「하강(下降)」이란 시는 '나무'라는 시적 상관물을 통해서 상승과 하강의 대립적 가치를 통합시켜 나가고자 하는 삶의 자세를 표명한다.

이제는 밑으로 내려가야지.
밑으로 내려가 밑뿌리부터 건사해야지.

썩은 것은 자르고
잘린 것은 잇고
굽은 것은 곧히고
시들고 말라가는 것은
물과 거름을 주어야지

위로만 치솟아
줄기와 가지만 繁茂한 나무
스스로도 못 가누는
기형적 質量
微風과 細雨에도 가슴 조이는.

위로 오르기보다 밑으로

위로 오르기 전에 밑으로
하강의 이치를
아직도 못 깨친 나무.

— 「下降」 전문

이 시에서 나무의 겉모습은 상승적 원리를 표상하고 있으며, 밑뿌리는 하강적 원리를 나타낸다. 시적 화자는 "위로만 치솟아/ 줄기와 가지만 번무(繁茂)한 나무/ 스스로도 못 가누는/ 기형적 질량(質量)/ 미풍(微風)과 세우(細雨)에도 가슴 조이는" 나무처럼 외양은 그럴 듯하지만 내적으로는 허약하며 기형적으로 팽창된 상승적 원리의 삶에 대해서 비판적 자세를 취한다. 그는 밑으로 내려가 밑뿌리를 건사하는 자세, 위로 오르기보다, 아니 위로 오르기 전에 밑으로 하강하는 이치를 깨우쳐야 할 것을 촉구한다. 그럼에도 "하강의 이치를 아직도 못 깨친 나무"들은 바로 출세와 성공이라는 상승적 가치만을 지향하며, 내적 가치에 충실치 못해온 우리들의 자화상일 것이다. 또한, 성장과 발전의 신화에 사로잡힌 채 정신적으로 공허하기만 한 우리 시대의 불균형한 모습일 것이다. 즉 외면은 화려하지만 내적으로 빈약하고 공소한 우리 시대의 자화상을 향해 시인은 밑뿌리의 가치, 하강의 진실한 의미에 대해서 깨우침을 준다. 삶의 견고함과 풍요로움은 외적 상승을 지향하기 전에 보이지 않는 밑뿌리에 대한 튼튼한 성찰과 사유와 가꿈으로부터 가능해진다. 「하강(下降)」은 성장만능과 외향 지향의 가치만을 쫓이 질주하는 우리 시대의 인간과 삶의 풍속에 내힌 대안적 비판의식을 보여준 문명비평적 작품이다.

2. 불교적 사유와 '산'의 공간의식

민립의 시에서 불교적 사유는 제 4시집 『산거(山居)』에서 집중적으로 표현되고 있다. 「하강(下降)」에서 보여준 내면 지향의 가치의식은 「山居·50-下心」에 오면 아예 겸양지덕으로 바뀌고 있다.

꽃 보고 고개 숙인다
나무 보고 고개 숙인다
바위 보고 고개 숙인다
두꺼비 보고 고개 숙인다
다람쥐 보고 고개 숙인다

사람 보고는
더 깊숙이 고개 숙인다.

―「山居·50-下心」 전문

1991년의 석가탄신일에 쓴 이 시는 불교적 깨달음의 진수를 자기를 낮추고, 일체 삼라만상을 향해서 겸손해지는 마음으로부터 찾고 있다. 꽃, 나무, 바위, 두꺼비, 다람쥐 등을 보고 고개 숙이는 마음, 나아가 사람을 보고 더 깊숙이 고개 숙이는 마음은 바로 부처의 마음이다. 불교는 흔히 천상천하유아독존의 자존심을 역설하지만 그 마음은 실로 일체를 향해서 고개 숙이고 자기를 낮추는 마음이기도 하다. 왜냐하면 불교적 세계관에선 이 세상에 존재하는 삼라만상 모두가 평등하게 천상천하유아독존의 존귀한 존재이기 때문이다. 천상천하유아독존은 소아적(小我的) 자존심이 아니라 세상을 구성하는 꽃, 나무, 바위, 두꺼비, 다람쥐, 그리고 인간에 이르는 삼라만상의 자존심과 이들의 상생(相生)과 혼융(渾融)의 경지를 말한 것이다. 「山居·50-下心」에서 노래했듯이 일체를 향해서 고개를 숙이는 마음은 화엄경 제 1장의 「세주묘음품(世主妙音品)」에서 역설했듯 삼라만상 모두가 평등하게 세상의 주인이라는 불교적 깨달음을 통해서 가능해진다.

만물평등의 가치의식은 「山居·32-뱀」에서는 세수하러 샘에 갔다가 화자를 물 뻔했던 뱀을 살려 보내주면서 "뱀과 나도 결코/ 남남이 아닌가 보다"라는 구절 속에서 보다 극명하게 표현되고 있다. 모든 사람이 싫어하는 존재, 더욱이 자신을 물 뻔했던 뱀을 살려보내며, 시적 화자는 뱀과 자아 사이의 대립과 투쟁을 넘어서고 있다. 이러한 자타일여(自他一如)의 경지는 너와 나의 분별심을 넘어설 것을 촉구하는 불교적 가치의식에 기초해 있다.

자타의 분별을 넘어선 가치의식은 「시든 꽃」과 같은 시에서는 생성과 소멸마저 넘어서는 향기로운 시심으로 표현되고 있다.

> 떨어진 꽃이 이처럼
> 고운지는 미처 몰랐다.
>
> 밟기가 두려워서
> 피해서 갔다.
>
> ―「山居·19-황희정승 생각」에서

> 그대 꽂아준 꽃
> 시들어도 버리지 않네

> 시든 꽃에도 향기 있음을
> 아는 이는 아네
>
> —「시든 꽃」에서

 떨어진 꽃을 경외하고, 그 꽃의 아름다움을 볼 수 있는 마음, 시든 꽃의 향기를 느낄 수 있는 마음이란 결국 사소한 것, 보잘것없는 것조차 사랑하는 큰 연민의 마음이라고 하지 않을 수 없다. 또한, 그것은 생로병사의 고통에서 놓여나고, 생성과 소멸의 순환에서 벗어나고 있는 존재의 아름다움에 대한 통찰이기도 하다. 이것은 부처의 마음이면서 동시에 시인의 마음이다. 시인 윤동주가「서시」에서 노래했던 "별을 노래하는 마음으로 모든 죽어가는 것을 사랑"하는 마음과도 상통하는 아름다운 시인의 마음인 것이다.

 제5시집『다시 송라(松羅)에서』의 '자서(自序)'에서 민립은 자신의 문학적 명제를 "문학은 사랑입니다"라고 천명한다. 그 사랑은 "좁게는 부모, 형제, 자매, 친구, 이웃에 대한 사랑으로부터, 넓게는 나라, 겨레, 지구, 인류 그리고 삼라만상에 이르기까지 세상 모든 것"을 포용한다. 그리고 그 사랑은 "풀 한 포기, 나무 한 그루, 벌레 한 마리, 돌멩이 하나에게까지도 애정을 갖고 있으며, 풀잎에 매달린 아침이슬, 중천에 걸린 초승달, 구름 한 조각, 바람 한 줄기에까지도 관심을 갖고 살아가게 되었습니다"라고 세상의 사소하고 작은 것들에 대한 관심과 애정으로 이어진다. 바로 이러한 사랑과 관심의 발현을 '떨어진 꽃'과 '시든 꽃'에 대한 시인의 마음에서 읽을 수 있다. 모든 것을 사랑하고 포용하는 큰마음은 불교정신이며 동시에 시의 정신이요, 시인의 마음이다.

6. 전일(全一)과 통합(統合)의 시학(詩學) —김상훈

민립은 종교가 천주교다. 그런데도 그의 시는 즐겨 불교적 상상력에 기대고, 불교적 가치의식을 지향하며, 불교를 공간적 배경으로 삼는다. 시만 보건대 그의 종교는 거의 불교라고 해도 과언이 아닐 정도로 깊게 심취되어 있다. 따라서 그는 한 종교에 구애되거나 머물지 않고 종교 다원주의자로서 여러 종교에 대해서 열린 태도를 취한다.

  본시 불자가 아니면서도 불경의 심오한 철리와 사찰이 지니는 유수(幽邃)하고 경건한 분위기에 경도되어 범어사 내원암에서 기숙하는 인연을 가졌다. 인간의 선악과 미추를 분별하고 진실로 인간됨을 추구하는 데 있어서 어느 종교인들 다를 게 있겠는가.
                                   — 시집 『山居』의 '자서(自序)'에서

제4시집 『山居』는 1990년대 전반기의 반십(半十) 년에 이르는 기간을 부산 범어사 내원암에서 기거하면서 얻은 시편들로 구성되어 있다. 「山居·1— 산이 좋아서」는 산이 그에게 고향처럼 편안하고 어머니처럼 다정한 공간이며, 그저 좋아서 살러온 공간임이 드러난다. 그 산 속에서 화자는 자연의 티 없는 천진심(天眞心)에 동화된 천진한 자아를 발견하게 된다. 천진이란 바로 부처의 마음, 본래적 자아의 마음이다. 티끌세상의 욕망을 모두 걸러낸 마음이 바로 천진한 마음인 것이다.

길에 들면
소리란 소리는

모두가 禪音으로 들린다.
독경소리, 운판소리
목탁소리, 풍경소리
대숲에 넘나드는 바람소리까지도
옷깃을 절로 여미게 한다.

절에 들면
物像이란 物像은
죄다 부처로 보인다.
寶塔과 석등도
鐘身과 법고도
심지어는 공양바리까지도
나도 모르는 새 나를 합장케 한다.

- 「山居·54- 절에 들면」 전문

  화자는 절에 들면 소리란 모든 소리가 선음(禪音)으로 들리고, 모든 물상(物像)이 부처로 보여 절로 옷깃이 여며지고, 모르는 새 합장케 된다고 진술한다. 왜냐하면 절은 그대로 경건한 화엄의 공간이기 때문이다. 화엄경의 제 36장 보현행원품(普賢行願品)은 석가가 설한 보현십원(普賢十願) 가운데 제 1의 예경제불(禮敬諸佛)의 정신을 표현하고 있다. 예경제불이란 삼라만상에 두루 편재(遍在)해 있는 부처를 발견하고 경외하는 마음이다. 시적 화자는 저절로 예경제불의 경지에 들어 "나도 모르는 새" 합장하고 있는 자아를 발견하게 된다.
  화엄적 세계에 대한 깨달음과 가치의식은 「山居·10- 다람쥐」에서도 반복된다.

이름 모를
산새 한 마리가
옆에 와서 쫑깃거린다.

다람쥐와 산새
그리고 나
그리고 또
숲, 바람, 햇살, 물소리……
萬象의 渾融을 본다.

— 「山居·10— 다람쥐」에서

　산은 그대로 다람쥐, 산새, 인간. 숲, 바람, 햇살, 물소리까지 만상(萬象)이 혼융(渾融)하고 있는 장엄한 화엄의 세계를 구현하고 있다. 민립이 낮에는 세상의 한가운데의 한가운데인 신문사에서 논객으로 치열하게 살다가 저녁이 되면 산을 찾아 깃드는 마음은 '산'에서 장엄한 화엄의 세계를 발견하는 정신적 열락(悅樂), 즉 법열(法悅)의 체험 때문이었을 것으로 생각된다.
　민립에게 '산'이란 불교적 깨달음을 구현하고 있는 장엄한 화엄의 공간이다. 이 '산'은 성(聖)과 속(俗)의 대응에서는 성(聖)의 공간이요, '저자'와는 대립된 공간이다. '저자'가 생멸변화의 세속적인 미혹의 공간이요 세간(世間)이라면, '산'은 미혹의 세간을 벗어나 깨달음의 경지로 들어가는 출세간(出世間)의 공간이다. 그래서 그는 속(俗)의 저자거리로 내려가야 하는 것이 싫다고 고백한다.

오늘도 山에서 저자로 내려간다.
부귀와 영화, 聲色과 財利에

불을 켠 사람들 속으로 들어간다.

아무래도 나는 局外者, 列外者
온종일 구토를 하고
현기를 느끼다가
두통까지 앓는다.

도살장에 끌려가는 肉牛의 심정처럼
저자가 싫다

아예 삭발승이 될까도 싶다

―「山居・47―日課」에서

 속(俗)의 세계에 환멸을 느낀 화자는 "아예 삭발승이 될까도 싶다"라고 토로한다. 속의 세계를 상징하는 '저자'는 "부귀와 영화, 성색(聲色)과 재리(財利)에/ 불을 켠 사람들"이 살고 있어 그에게는 구토와 현기와 두통만을 불러일으킨다. 그래도 그는 속의 세계와 절연하고 출가의 삶을 택하기보다는 산을 오르내리며 저자거리의 세속적 삶에 사로잡힌 사람들이 "죽어서 정토(淨土)에 태어나게 하소서"라고 "일념(一念)으로 합장(合掌)・기구(祈求)하는" 것으로 그의 일과(日課)를 삼고 살아간다. 즉 속(俗)의 삶을 혐오하고 경멸하기보다는 속의 가치에 젖어서 살아가는 중생들이 죽어서라도 서방정토에서 다시 태어나 해탈을 할 수 있는 기회를 얻을 수 있도록 기도하는 마음인 것이다. 이것이 진정한 대자대비의 정신이다. 자리(自利)보다는 널리 중생을 구제하기 위한 이타행(利他行)을 실천하는 대승적 보살정신이다. 또한,

6. 전일(全一)과 통합(統合)의 시학(詩學) - 김상훈

소아적 성불(成佛)만을 목표한 소승불교와는 다른, 모든 중생을 껴안고 베푸는 대승불교의 궁극적 이상이며, 그 이상을 제시한 화엄사상의 요체이기도 하다.

바람이 나뭇잎새를
흔들다 지나간다

나비가 꽃술에 앉아
사운대다 날아간다.

개울물이 바위를 씻으며
흘러간다.

멧새가
뜰에 내려 쫑깃거리다가
가버렸다.

와서 잠시 머물다
떠나가는 것들.

너와 나도
언제부터인가
여기 와서 잠시 머물고 있다가
언젠가는 어디론가 떠나가야 한다.

바람처럼
나비처럼
개울 물처럼
멧새처럼

「山居・25- 왔다가 간다」 전문

「山居·25- 왔다가 간다」란 시는 이승에서의 삶이 영속하는 것이 아니라 "여기 와서 잠시 머물고 있다가/ 언젠가는 어디론가 떠나가야" 하는 것이라는 인식체계를 보여준다. 산 속의 바람, 나비, 개울물, 멧새는 그에게 떠남의 상상력을 일깨우는 존재들이다. 불교에서 모든 존재는 영원히 머무는 것이 아니라 잠시 머물다가 떠나가는 존재이다. 인간의 삶도 이와 마찬가지다. 머무르되 집착하지 않는 마음, 이것은 화엄경 십행품(十行品)의 일곱 번째 행인 무착행(無着行)이다. '무착(無着)'의 이치를 깨우친다면 세속적 집착과 번뇌에서 놓여나서 보다 자유롭고 정신적으로 초연한 삶을 살아갈 수 있다.

민립의 시는 갈등과 대립과 분열이 팽배한 현대사회에서 순수 자연상태의 자아, 그 합일과 통합의 시학을 노래했다. 그 정신적 배경은 불교적 세계관을 표현하고 있는 화엄사상에 크게 힘입고 있다. 하지만 그의 시는 단순히 불교의 초월적 진리에 대한 깨우침만을 전달하는 것이 아니다. 그의 시는 보다 풍요로운 시적 상상력을 통해서 자신이 체험한 불교적 깨우침을 정서적 반응과 결합시키고, 시적 은유법으로 형상화시킴으로써 진정한 시적 가치를 획득하게 된다. 민립의 시적 상상력은 러스킨(Ruskin)이 통찰적 상상력, 연합적 상상력, 명상적 상상력으로 구분했을 때의 명상적 상상력(contemplative imagination)에 해당될 만한 것이다. 즉 대상을 명상하는 가운데 사상과 정서가 나타나서 체험 전체를 통일해서 표현할 수 있는 창조적 정신능력이다.

3. 민족주의와 국토 사랑 그리고 시조 장르

1960년대부터 70년대 초반기에 쓰여진 시들을 수록하고 있는 제 1 시집『파종원』은 삼십대의 청년기적 자아가 표출되고 있다. 이 시기에 민립은 조국이나 국토와 같은 거대담론에 붙들려 있었다. 「내 모국(母國)」, 「한라산(漢拏山)」, 「조국(祖國)」과 같은 시편은 조국에 대한 사랑과 민족애를 환기한다.

    빈 누리 草昧의 땅도
    恩寵으로 받든 福地

    한자리 길이 누릴
    고운 날을 지켜 앉아

    鷄鳴聲 은은히 여는
    새벽빛을 기렸네.

                                                                     ─「내 母國」에서

    北으로 白頭를 잃고
    漢拏는 짐짓 외롭다.

    願도 먼 南溟에 앉아
    白雲을 불러 인 채로

    憎怒도 사랑이라서
    歲月을 참고 건디나

                                                                     ─「漢拏山」에서

여기서 '백두'나 '한라'는 단순한 산의 이름이 아니라 우리 민족의 역사적 시련을 상징한다. 서정적 자아는 분단된 국토에 대한 분노와 외로움을 '백두'나 '한라'같은 민족적 영산(靈山)에 투사시킨다. "백두(白頭)를 잃고/ 한라(漢拏)는 짐짓 외롭다"에서 보듯 백두산의 상실, 한라산의 고독은 바로 남과 북으로 분단되어 있는 국토의 현실, 민족의 현실을 반영하는 것이다.

국토 사랑과 민족애는 후기시에까지 이어지는데,「백두산(白頭山)에서」,「민족(民族)의 존영(尊榮)을 위해」,「통일이여 오라」에서는 국토가 분단되고 겨레가 분열된 현실에 대한 절절한 비애와 통한, 그리고 대립과 반목을 넘어서서 민족이 화해하고 통합되는 통일에 대한 염원으로 표출되고 있다.

  나도 모르는 사이
  온 몸을 掩襲해버린
  嗚咽
  北으로 白頭를 잃었던 안타까움
  남으로 漢拏를 잃었던 슬픔
  半世紀 對峙 속에 쌓였던 앙금들이
  안으로 소용돌이치고 곤두박질쳤다

           ―「白頭山에서」에서

  漢拏의 염원이
  白頭에까지 닿아 절절하더니
  백두의 소망이 또한,
  한라에까지 닿아 절절하구나

한 나라 분단의 悲哀
한 겨레 분열의 痛恨
한 형제 자매간의 대립과 반목이
반세기의 오늘에까지도
벽으로 굳어진 채 헐리지 않고 있으니
하늘과 땅
산과 강도
어찌해 무심할 수 있으랴
어찌해 무관할 수 있으랴

— 「民族의 尊榮을 위해」에서

　중국을 거쳐 백두산에 가본 한국인이라면 누구나 느끼듯이, 백두산을 이국을 거쳐 찾아가야 하기에 우리 민족의 분단의 비극과 한은 더욱 실감된다. 백두산은 민족의 영산(靈山)이라는 내포를 넘어서서 대립과 반목으로 얼룩진 남북분단의 민족적 비극을 표상하는 역사적 상징물이 되고 말았다. 그 비극의 현장에서 화자는 조국통일과 민족통합을 간절히 염원한다.
　그런데 그의 조국에 대한 사랑과 민족애는 시적 형식에 있어서는 시조라고 하는 전통적 민족적 장르에 대한 집착으로 나타난다. 특히, 민립의 초기시는 엄격한 자수율의 적용과 전통적 톤을 통해 시조의 정형성을 철저히 지키고 있다. 그의 초기시가 굳이 현대의 자유시 양식을 택하지 않고, 시조라고 하는 예스러운 양식을 고집한 것은 민족애의 또 다른 표현이라고 해석할 수 있다.
　민립의 시에서 국토에 대한 사랑으로 나타나는 민족주의는 한스 코온(Hans Kohn)이 민족 형성의 가장 중요한 외적 요소를 영토와 국가에서 찾았던 것과 동일한 태도이다. 또한, 전통적 시가양식인 시조에 대한 경도는 문화민족주의(cultural nationalism)라고 지칭할 만한 것이다.

문화민족주의는 민족을 동일한 역사, 전통, 문화, 언어의 동질성에 의하여 형성된 집단으로 파악한다. 이는 과거의 전통문화를 매우 신성시하고 우월시하는 복고주의적 태도를 보이며, 문화가 국가의 주체성을 확립하는 데 매우 중요한 역할을 담당한다고 본다.

문화민족주의란 우리 시사에서 1920년대의 민요시운동이나 「국민문학파」에 의해서 주도된 시조부흥운동을 통해서 일제강점하에서 문화적으로나마 민족의 주체성을 확립하려 했던 것과 동일한 의식의 발현이라고 할 수 있을 것이다.

민립은 첫 시집 『파종원』의 후기에서 자신의 국토사랑과 시조 장르를 선택한 이유를 다음과 같이 밝히고 있다.

> 소산(蕭散)한 山河일지라도 우리의 산하이기에 애정을 갖는다. 척박한 강토일지라도 우리의 강토이기에 애정을 갖는다.
> 시조라고 하는 詩型에 내가 애정을 갖는 것도 바로 이러한 생각에서다.
> 우리의 고유한 시가요, 전통적인 시가라는 데서 연유한다.
> 언제부터인지는 모르나 우리 겨레는 지나친 事大와 外和에 젖어 왔다.
> 自尊, 自誇도 금물이지만, 自蔑, 自卑도 금물이다. 남의 것에 앞서 내 것부터 바로 알고 그것을 갈고 닦아야 한다.
> 「나」라고 하는 주체에 대한 명백한 확인이 있어야 한다.
>
> — 첫 시집 『파종원』의 후기에서

국토에 대한 사랑과 민족의 고유한 전통양식인 시조에 대한 선호는 동일한 맥락의 민족애의 표출이다. 그가 시조를 쓰기 시작한 1950년대 후반의 한국사는 아직 한국전쟁의 상흔이 가시지 않은 채 척박한 강토는 남과 북으로 찢기었으며, 전 국민이 절대빈곤상태를 벗어나지 못한 황폐한 시기였다. 민족적 자존과 주체성을 갖기에 우리의 모든 환경은 너무도 열악했던 것이다. 또한, 정신적으로도 열등감과 사대주의에 물들어 민족적 자존이 위협받던 시기였다. 이런 시기에 그는 시조라는 전통적 양식을 통해서 민족적 주체성을 발현하고 훼손된 민족적 자존심을 회복하고자 했다.

그런데 그의 시조에 대한 생각은 점차 시조와 시의 장점을 취합한 보다 세련된 시를 쓰고자 하는 태도로 바뀐다.

제 5시집 『다시 松羅에서』(1996)의 서문에서 시조와 시에 대한 그의 생각이 어떻게 정리되고 있는가를 살펴볼 수 있다.

> 시조가 갖는 형식의 간결성, 주제의 명료성, 내용의 압축성, 수율이 주는 음악성 등 특성을 살리되, 시로서 승화되지 않으면 시조로서 성공한 작품일 수 없고, 시가 갖는 형식의 개방성, 기술의 자율성, 의미의 변용성, 은유성, 암시성 등을 최대한 활용하되, 시어 선택의 엄격성, 내용의 압축성, 주제의 명료성 등은 시조에서 취해야 한다는 뜻이기 때문입니다.
>
> ―「自序 문학은 사랑입니다」에서

그는 시조가 갖는 형식의 간결성, 주제의 명료성, 내용의 압축성, 음수율이 주는 음악성을 살리되, 시가 갖는 형식의 개방성, 기술의 자율성, 의미의 변용성, 은유성, 암시성을 최대한 활용한다는 것을 시창작의 기본원리로 세워두고 있음을 볼 수 있다. 민족적 자존심이 얼마만큼 회복된 1990년대의 역사적 시점에선 시조가 더 이상 전통적 시가양식으로서 민족적 주체성을 표현하는 형식이기보다는 형식의 간결성, 주제의 명료성, 내용의 압축성 등을 두드러지게 표현해 낼 수 있는 형식으로서 그 의미가 축소 변화되고 있음을 볼 수 있다.

그런데 민족주의적 의식을 보여주는 민립의 시에서 시와 현실의 대응관계는 다소 긴장을 잃고 있다. 정면에서 역사적 사회적 현실을 재현하려는 현실주의적 태도는 시적 긴장을 다소 감소시켜 버린다. 민립의 시에서 나타나는 민족적 공동체의식의 발현은 권장할 만한 시적 지평의 확대일 것이다. 그렇지만 그것은 시로서의 미적 형식과 조화될 때에 그 의의가 더욱 커질 것이다.

4. 결 론

지금까지 몇 가지 특징을 중심으로 김상훈의 시를 논해 보았다. 무엇보다도 그의 시에선 현대시가 특징적으로 나타내고 있는 세계 상실의 고립주의, 비인간화의 흔적을 찾아볼 수 없다. 그의 시는 아이덴티티의 분열과 소외를 노래하기보다는 드물게 전일과 통합의 세계를 노래해 왔다. 주체로서의 자아가 외부적 객관세계와 대립, 갈등, 분열, 소외를 겪기보다는 조화와 통합을 이룬 동일성의 세계를 노래했다. 자아와 세계의 일체화, 보다 확대된 자아, 동일성의 재발견과 통합의 시세계를 이룰 수 있게 한 정신적 배경은 물론 불교이다. 특히, 불교적 세계관을 표현하고 있는 화엄사상에 힘입고 있다. 그의 시는 불교적 상상력이 정서적 반응과 결합되고, 시적 은유법으로 형상화됨으로써 진정한 시적 가치를 획득하게 된다.

또한, 그의 시에서 민족주의를 배경으로 한 국토애와 시조장르에 대한 애정도 엿볼 수 있는데, 이 점 역시 그의 시적 특징으로 논의될 수 있다. (민립의 문학과 사상 간행위원회,『바로크시대의 우륵』, 세종출판사, 2005.4)

7. 차한수 시의 초현실과 현실

1.

   1977년 「현대시학」을 통해서 시단에 등단한 차한수 시인은 지금까지 『신들린 늑대』(1977), 『손가락 끝마다 내리는 비』(1982), 『버리세요』(1988), 『해 질 무렵』(1992), 『손』(1996)과 같은 다섯 권의 시집을 발간해 왔다.
   김준오는 제 2시집 『손가락 끝마다 내리는 비』의 해설에서 차한수 시인의 시를 오르데카 이 가젯트가 말한 비인간화의 예술로 규정짓고 있다.

   차한수의 작품에는 그의 고통과 관련된 한·허무·절망·공포의 이미지가 압도적으로 사용되고 있음에도 불구하고 현실해체의 연금술에 의하여 이런 징시들은 우리에게 생활감정의 현실성으로 오지 않고 대부분 비인간화의 예술적 징시, 곧 익명성이 정주로 오는 것이다.

그리고 이러한 비인간화의 예술은 블랙머의 분류에 의하면 소수의 계층에만 향수되는 일종의 귀족예술로서, 특히 리얼리즘이 절실히 요청되고, 민중이 문학적 가치로 떠오른 1980년대의 주류적 경향으로부터 멀리 소외된 것으로서, 이것이 시인에게 현실에서 체험한 고통과 더불어 또 하나의 고통이 되리라고 지적한다.

실로 1980년대의 우리 문학사는 다분히 마르크시즘 미학에 경도된 리얼리즘 문학이 중요한 흐름의 하나를 형성했던 시대였다. 대학에서 현대시론을 강의하는 교수로서 그가 이러한 시대적 흐름을 몰랐을 리 없다. 하지만 그는 첫 시집을 발간한 1970년대 후반으로부터 1990년대 말의 현재에 이르기까지도 고집스럽다고 할 만큼 첨단적이거나 유행적인 사조에 흔들림이 없이 자기의 시적 개성을 일관되게 유지해 온 시인이다.

어떤 문학이 그 시대의 지배적 시대사조나 문예사조의 흐름 내에 있다는 것은 자연스럽다. 그런데 문학에는 시의성도 필요하고, 시대를 뛰어넘는 보편성도 필요하다. 어느 한 면에만 치우치는 문학현상은 바람직하다고 볼 수 없다. 이 둘의 적절한 균형과 조화를 통해서 문학은 다양성을 꽃 피울 수 있고, 발전해 갈 수 있는 것이다.

그런데 차한수는 시대의 첨단적 유행과 당대적 현실에 대해 거리를 유지하는 일관된 자세로 자신의 시적 개성을 창조해온 시인이라고 할 수 있다.

戰慄같은 웃음이 열려 있다
나는
취한 밤 속에 녹아

7. 차한수의 시의 현실과 초현실 143

모래에 묻힌 呪文을 읽는다
呪文 속에선
전설을 쪼아리는 갈가마귀떼
내 눈썹 하나 빠진 자리에
겨울꽃 피는 소리
동굴이 열린다
동굴 속엔 미라의 따스한 손수건
나는
손수건 위에서
춤추는 새가 되어 있다.

— 「겨울꽃」 전문(『신들린 늑대』 수록)

바위 속에
일억만 년 전 물새가 날고 있었다
험준한 코카사스 산맥을 넘어
활활 타오르는 사랑의 날갯짓
계피향 노을에 젖어 있었다
굽이굽이 푸른 모래알 빤짝이는
입술로 날고만 있었다
날아올라라 새여 물새여
빨간 부리로 일억 만 년의 침묵을 쪼아라
그리고 노래 부르며 날아올라라
그 푸른 날개로 춤추며
구만리 창공을 날아올라라.

— 「그물코 —손·62」(『손』 수록)

인용한 두 편의 시는 각각 첫 시집과 다섯 번째 시집에 수록된 시로서 아마도 20여 년의 시간적 간격을 두고 쓰여진 작품일 것이다. 새의 이미지, 동굴 속 미라와 바위 속에 화석으로 남아 있는 1억 만 년 전의 물새의 화석을 통해서 보여주는 초현실적인 시간관 등 각기 시에 대한 자세한 분석적 비평을 하지 않더라도 두 시가 동일한 경향의 작품임을 독자는 느낄 수 있다.

그러면 시작 초기부터 현재에까지 일관되게 흐르는 차한수 시인의 시적 개성은 어떤 것일까? 그것은 앞에서 김준오가 지적했듯이 반사실주의적인 비인간화의 시적 세계일 것이다. 차한수의 시는 김춘수의 무의미시가 그러하듯이 현실을 배제한 고답적인 비인간화의 세계를 추구한다. 그리고 이러한 시적 세계는 초현실주의적 경향으로 읽혀지는 것이 사실이다.

초현실주의(surrealism)가 사실주의를 비판하듯이 차한수의 시는 객관적 현실과 외적 세계를 배제하는 반사실주의의 특징을 나타낸다. 초현실주의는 이미지의 자유연상과 자동기술을 중요한 방법론으로 채택하고 있는데, 차한수의 시에서 보여주는 논리적 서술을 떠난 이미지의 자유연상과 병치, 그리고 시인의 잠재의식이 떠올려낸 자유분방한 상상력의 세계는 초현실주의의 색채를 강하게 풍긴다.

위에서 인용한 시 「겨울 꽃」에서 겨울 꽃, 갈가마귀 떼, 동굴 속 미라 등은 논리적 유사성을 찾을 수 없다. 마찬가지로 「그물코」에서도 물새, 코카서스산맥, 노을, 모래알 사이에서도 논리적 유사성을 발견할 수 없다. 그런데 이러한 낯선 이미지들의 병치는 낯설음과 새로움을 발생시키며, 독자로 하여금 신선한 시적 긴장을 느끼게 한다. 그러나 동시에 이러한 유사성이 배제된 이미지의 병치, 기존의 문학적 관습을 무의미하게 만드는 돌발적 이미지의 충돌이 그의 시를 난해하게 만들고 있음도 부정할 수 없다. 그런데 이런 난해성은 제 5시집 『손』에 와서 부분적으로 극복되면서, 대신에 역사적 공동체적 삶으로의 관심의 전환을 읽을 수 있다.

앙드레 브르통은 1924년 「초현실주의 선언문」에서 초현실주의의 정신적 목표로 상상력의 가치를 환기하며, 인간의 자유롭게 꿈꿀 수 있는 권리에 대해서 강조했다. 현대인은 이성과 효율성의 인습이 지배하는 따분한 세계에 갇혀버림으로써 꿈도 없고 상상력도 없는 초라한 삶을 살게 되었다는 것이다. 그는 프로이트의 심리학에 기초하여 사회의 속박과 검열과 억압에 의해서 욕망을 축소하게 된 인간의 모습을 비참한 현실로 파악하고, 이 세계는 인간의 욕망의 차원에서 인간을 위하여 재구성되어야 할 필요성이 있다고 역설했다. 문명으로 인해 상실된 인간의 정신적 힘과 억압된 무의식적 욕망을 해방시키기 위하여 시인은 현실세계의 논리와 일치하는 언어의 질서를 파괴해야 하며, 초현실주의적 이미지 혹은 초현실주의적 세계를 보여주어야 한다고 주장했던 것이다.

앙드레 브르통이 「초현실주의 선언문」에서 주장했듯 시인 차한수도 답답한 현실에 속박되기보다는 자유롭게 꿈꿀 수 있는 권리를 채택하고 있다. 그의 시는 무의식에 완전히 내맡긴 자유분방한 상상력과 이것이 빚어내는 물활론적 이미지를 창조함으로써 의식에 지배된 논리세계를 벗어난다.

내가 도리원을 시닐 떼
거대한 공룡이 하늘을 찢는

울음을 울면서 어정어정
석양이 되고 있었습니다
울음이 깔린 들판에는
고깔을 쓴 작은 요정들이
옷을 벗어버리고
휘파람 같은 춤을 추고 있었습니다

- 「도리원 지날 때」 전문(『해질 무렵』 수록)

이 시는 도리원을 지날 때 바라본 노을 풍경을 형상화하고 있다. 이 시에 동원된 상상력은 가히 초시간적이고 초현실적이다. 인류가 지상에 나타난 것보다도 훨씬 전인 중생대의 쥐라기에서 백악기에 살았던 거대한 파충류 공룡은 현재는 화석으로만 그 존재를 증명하고 있지만 차한수의 시에서 공룡은 청각적 이미지가 시각화되는 공감각적 이미지의 대상으로 문득 되살아난다. 중생대의 공룡과 신화적 존재인 요정이 신비한 조화 속에 놓인 초현실적이고 물활론적(物活論的) 이미지에 압도된 이 시 속에 인간은 부재한다. 이처럼 그의 시는 인간의 세계를 벗어나는 비인간의 세계와 초시간적 환각과 초현실적 상상력의 꿈속을 거닐고 있다. 거대한 장관을 이룬 노을 풍경의 비극성과 그 현란함을 형상화하기 위하여 이 시는 초현실주의적인 상상력과 자유연상의 이미지를 유감없이 동원했던 것이다.

밤의 사자가 풍차를 타고 온다. 그 눈빛이 西天을 돌아 물이 되어 나뭇가지를 타고 내린다.
어금니를 뺀 울음이 三千世界에 이르러 한줌 흙으로 꽃을 피우다가, 돌아앉은 돌부처 눈언저리에 남은 웃음의 바람이 되어 내 생가의 돌담 밑 잠든 강아지의 꿈속을 날아가고 있었다.

— 「밤日記」 전문(『신들린 늑대』 수록)

「밤일기(日記)」에서의 공간 이미지는 불교적이다. 서천과 삼천세계는 현실의 공간이 아니다. 서천(西天)은 불교적 이상향을 일컫는 공간이며, 삼천세계는 불교적 우주관을 보여주는 광활한 상상의 세계이다. 이 짤막한 시에서 원용된 서천이나 삼천세계라는 공간은 시인이 살아가고 있는 속악한 현실에 유폐된 답답한 공간이 아니라 현실을 벗어나는 초현실의 무한한 상상공간이며 이상적인 공간이다. 「밤일기(日記)」는 "어금니를 뺀 울음이 삼천세계에 이르러 한줌 흙으로 꽃을 피우다가 돌아앉은 돌부처 눈언저리에 남은 웃음의 바람" 처럼 '울음', '꽃', '웃음', 그리고 '강아지의 꿈'으로 순환되는 불교적인 순환론적 이미지를 보여준다. 그리고 이 시는 다분히 선사(禪師)들의 오도송인 선시(禪詩)와 닮아 있다. 그렇다고 이 시를 선사들의 진리에 대한 깨우침을 담은 선시로 보기는 어렵다. 따라서 이 시가 보여주는 선적 분위기는 초현실주의적 상상력을 위해서 동원되었다고 보는 것이 좋을 것이다.

검은 절벽은 물위에 떠 있고, 팔뚝이 굵은 靑年 고기가 되어 하늘을 난다. 바위 밑에는 영롱한 보석이 모래알로 흩어진다.
수리 한 마리 니래를 편 채 굳어지고, 고려자기는 바위 틈에 앉아 웃는다.

— 「꿈얘기」에서(『신들린 늑대』 수록)

아예 제목을 '꿈얘기'로 단 이 시에서 시인의 상상력이 빚어내는 자유연상은 논리적 해석을 거부하는 무한의 자유를 구가한다. '검은 절벽', '청년(靑年)', '고기', '영롱한 보석', '수리', '고려자기' 생물과 무생물을 초월하여 시인의 꿈은 논리적 설명이 불가능한 물활론적 이미지를 병치시킨다. 그곳에서 인간은 만물의 척도로서가 아니라 자연의 일부로서, 물고기나 수리와 동격으로 존재하며, 또한 청년, 물고기, 수리 같은 생물은 검은 절벽, 보석, 고려자기와 같은 무생물과도 평등한 관계 속에 놓여진다.

나비는
바람의 끝에 서서

꽃이 되었다

꽃잎마다
빛나는
바다

바다를 따라 간
나비
꽃이 되어

비수 같은
달 보고
돌이 되었다

— 「眼鏡」 전문(『해질 무렵』 수록)

이 시에서 나비는 꽃이 되었다가 돌이 된다. 제목이 '안경(眼鏡)'인 것을 보면 안경 너머로 바라본 나비에 관한 착시현상을 노래한 것처럼 보인다. 하지만 이것이 정말 착시일까? 그것은 착시가 아니라 나비를 통해서 시인이 떠올려낸 초현실의 환각이요, 자유연상의 이미지일 것이다.

이처럼 차한수의 시는 일상과 현실세계에 안주하는 것을 거부하고, 초현실의 공간 이미지를 통해서 자유를 추구한다. 또한, 그의 시는 당대적 시간성에 얽매이는 것이 아니라 인류가 지상에 나타나기 이전까지의 광활한 시간성을 넘나들고 있다. 차한수가 보여주는 초현실적인 공간관과 시간관은 결국 꿈과 신화적 상상세계를 통한 자유 추구의 미학적 표현이라고 할 수 있다. 그리고 이는 궁극적으로 번잡한 욕망에 사로잡힌 인간적 삶의 허위성과 속악성에 대한 거부와 비판일 것이다. 결국 그의 시는 리얼리즘에 의한 속박을 거부하는 초현실적 자유 추구를 통해서 당대성을 뛰어넘는 영원성의 가치를 추구해 왔다고 볼 수 있다.

2.

차한수의 시에서 현실을 벗어난 자유와 꿈에 대한 추구는 거의 강박관념에 가까울 만큼 집요하다.

나는 지금 급행열차를 타야 한다
막막한 어둠 면으로 달아난 철길

> 콩이 튀는 기관총소리가 아련하다
> 그 날 가시꽃이 만발한 울타리를 지나
> 가버린 꿈을 찾아야 한다
> 새알심도 없는 팥죽이 펄펄 끓는 동짓날
> 수심가 한 소절이 꽃비처럼 내리네
> 나는 어서 급행열차를 타야 한다.
>
> ―「해 질 무렵」 전문(『해 질 무렵』 수록)

이 시에서 화자가 급행열차를 타고 급히 가야 하는 것은 "그 날 가시꽃이 만발한 울타리를 지나/ 가버린 꿈"을 찾기 위해서이다. 화자가 속한 현실은 "새알심도 없는 팥죽이 펄펄 끓는 동짓날"처럼 번다한 욕망으로 들끓는 차디찬 세계이며, "수심가 한 소절이 꽃비처럼 내리"는 수심이 가득한 세계이다. 과거의 유년세계가 급행열차를 타고 급히 가고 싶은 아련한 그리움을 변주해내는 세계라면 현재의 화자가 속한 세계는 급행열차를 타고 빨리 떠나고 싶은 세계이다. 해질녘의 귀거래사처럼 화자는 하루해가 다시 저물기 전에 한시라도 빨리 복잡한 현실로부터 벗어나고 싶다. 하지만 안타깝게도 기차가 달릴 철길은 "막막한 어둠 면"으로 달아나 화자는 현실로부터 벗어나지 못한다. 그에 대한 조바심이 "콩이 튀는 기관총소리"란 청각적 이미지를 통해서 표현되고 있다. 그러나 차한수의 시에서 '차디차고 수심이 가득한' 세계의 현실적 구체성은 드러나지 않는다. 현실의 구체성이 드러나지 않는다는 점에서 그의 시는 추상적이며, 애매모호하다. 하지만 분명한 것은 차한수 시인이 현실에 안주하는 것을 끊임없이 거부하며, 현실을 벗어나야 할 세계로 인식한다는 점이다. 그렇지만 그것은 단순히 과거적 세계로의 도피라기보다는 꿈실적 자아를 벗어나고 싶다. 온몸을 활활 태우고 버려서라도 욕망과 번뇌가 사라진 자유롭고 청정한 본래적 이상적 자아를 실현하고 싶다. 불교적 자아완성인 깨달음의 성취는 욕망과 번뇌를 불태우고 버림으로써 가능한데, 제 3시집 『버리세요』는 바로 욕망과 번뇌로부터 벗어난 이상적 자아의 구현과 진정한 자유를 열망하는 다분히 불교적인 주제를 집중적으로 표현하고 있다.

> 비수를 버리세요
> 당신의 손바닥에 금 그어진
> 그 슬픈 꿈만 꾸면
> 달려드는 요괴들
> 대들보에 목을 맨
> 그 울음의 저주를 버리세요
>
> — 「버리세요2」 전문(『버리세요』 수록)

이 시는 생의 과정에서 배태되는 타인을 향한 저주와 원한, 슬픔과 같은 부정적 감정으로부터 벗어날 것을 촉구한다. 왜냐하면 타인을 향한 '비수'는 바로 그 자신을 향해서 칼날을 겨누어 그 자신을 괴롭히고 상하게 만들기 때문이다. 결국 그 자신을 위해서 타인을 향한 저주와 같은 부정적 감정은 극복하고 초월해야 하는 것이다. 불교적 자아완성은 세상살이의 과정에서 파생되는 온갖 대립과 갈등이 만들어내는 부정적 감정을 벗어남으로써 가능하다. 따라서 이 시는 "비수"와 "울음의 저주"도 버리라고 거듭 촉구한다.

이와 같이 불교적 인생관을 표현한 주제는 제 5시집 『손』의 「손을 씻는다-손2」에서는 욕망과 번뇌를 씻어내는 자기정화라는 주제의 세계로의 도피이며, 과거 속에 놓인 유년기적 순수성에 대한 회복의지로 읽혀진다.

> 때마다 밥을 먹어도 배가 고프다
> 배가 고파 양껏 먹어 치운
> 찌꺼기가 이빨 사이에 끼어 날 괴롭힌다
> 이치개로 이빨 사이를 공들여 헤쳐도 껄끄럽기만 하다
> 눈물이 나고 피가 나고
> 온몸을 활활 태워버렸으면 싶다
> 내 머리 속의 그 자질구레한 지식과
> 그물코 같은 생각을 바라보면
> 어느 곳 하나 찌꺼기 없는 곳 없고
> 태가 낀 내벽엔 벌써 굳어 버린
> 신경으로 어둠이 피고 있다
> 가슴이 막막한 이 찌꺼기의 욕망을
> 어서어서 버리고 싶다
>
> — 「버리세요」 전문(『버리세요』 수록)

이 시는 불교에서 말하는 식욕과 수면욕과 음욕의 삼욕(三欲) 내지는 삼독(三毒), 즉 탐(貪), 진(塵), 치(痴)로부터 벗어나고 싶은 의지를 보여준다. 삼욕과 삼독은 반드시 세 가지의 욕망과 세 가지의 번뇌가 아니라 인간이 가지고 있는 온갖 욕망과 번뇌를 지칭하는 말이다. 즉 시에서 표현했듯 '식욕'과 같은 생존을 위한 일차적 욕망으로부터 '지식'과 같은 고차원적 욕망에 이르기까지 화자는 육체적 정신석인 온갖 욕망을 찌꺼기로 인식하며, 이를 "어서어서 버리고 싶다"고 진술한다. 다시 말해서 화자는 온갖 욕망과 번뇌로 침윤된 현

실적 자아를 벗어나고 싶다. 온몸을 활활 태우고 버려서라도 욕망과 번뇌가 사라진 자유롭고 청정한 본래적 이상적 자아를 실현하고 싶다. 불교적 자아완성인 깨달음의 성취는 욕망과 번뇌를 불태우고 버림으로써 가능한데, 제 3시집 『버리세요』는 바로 욕망과 번뇌로부터 벗어난 이상적 자아의 구현과 진정한 자유를 열망하는 다분히 불교적인 주제를 집중적으로 표현하고 있다.

> 비수를 버리세요
> 당신의 손바닥에 금 그어진
> 그 슬픈 꿈만 꾸면
> 달려드는 요괴들
> 대들보에 목을 맨
> 그 울음의 저주를 버리세요
>
> ―「버리세요2」전문(『버리세요』수록)

이 시는 생의 과정에서 배태되는 타인을 향한 저주와 원한, 슬픔과 같은 부정적 감정으로부터 벗어날 것을 촉구한다. 왜냐하면 타인을 향한 '비수'는 바로 그 자신을 향해서 칼날을 겨누어 그 자신을 괴롭히고 상하게 만들기 때문이다. 결국 그 자신을 위해서 타인을 향한 저주와 같은 부정적 감정은 극복하고 초월해야 하는 것이다. 불교적 자아완성은 세상살이의 과정에서 파생되는 온갖 대립과 갈등이 만들어내는 부정적 감정을 벗어남으로써 가능하다. 따라서 이 시는 "비수"와 "울음의 저주"도 버리라고 거듭 촉구한다.

이와 같이 불교적 인생관을 표현한 주제는 제 5시집 『손』의 「손을 씻는다―손2」에서는 욕망과 번뇌를 씻어내는 자기정화라는 주제로 반복되고 있다.

> 손을 씻는다
> 손에 묻은 때를 씻는다
> 씻어도 씻어도 지질 않는 때
> 보이지 않는 때를 씻어야 한다
> 아, 때는 살갗 깊숙이 파고들어
> 온몸이 때가 되고 있구나
> 손바닥 발바닥이 가렵고
> 사지가 근질근질 다리가 저려온다
> 다시 손을 씻는다
> 손톱 밑에 박힌 수많은 가시가
> 가슴 속으로 슬금슬금 파고든다
> 멍이 든 마음 아득히
> 빗소리가 들린다
>
> ―「손을 씻는다―손·2」(『손』 수록)

화자는 손을 씻는다고 말하지만 정작 씻고 싶은 것은 손의 때가 아니라 보이지 않는 마음의 때일 것이다. 손을 더럽히고, 온몸을 근질거리게 만들고, 가슴까지 멍들게 하는 때란 바로 인간의 욕망이요, 어리석은 욕망이 빚어내는 번뇌일 것이다. 손을 씻는다는 의미는 바로 그 욕망과 번뇌로부터 벗어나고 싶다는 뜻이다. 하지만 욕망을 추구하는 존재인 인간이 욕망과 번뇌를 끊어내는 일은 대단히 어렵다. 따라서 그 어려움이 "손을 씻는다", "다시 손을 씻는다"라는 반복적 진술을 통해서 표현되고 있다.

내 손은 참 험하다. 사람들은 그런 내 우글쭈글한 손을 보고 너무 늙었다고 한다. 내 스스로가 내려다보아도 그렇게 느껴진다. 굵은 손마디는 닳아서 제 모습을 찾을 수 없고, 파란 심줄은 툭툭 튀어나와 징그럽기까지 하다. 손바닥은 못이 박여 아예 양철조각 같으니 그럴 만하다. 길고 굵은 손가락도 볼품이 없다. 생각대로 생겨먹었으니 어디 제대로 내보일 수도 없다. 참 부끄럽다. 어색하기만 하다. 내 못생긴 손은 그런 내 맘을 미리 알고 쩔쩔 매고 있다.

— 「내 손은」(『손』 수록)

화자는 현실의 자아, 일상 속에 놓인 경험적 자아를 벗어나고 싶으며, 경험적 자아에 대해서 부끄러움을 표현하고 있다. 험하고, 늙고, 징그럽고, 볼품이 없는 것은 정작 손이 아니라 손이라는 신체의 일부로 표현된 경험적 자아에 대한 이상적이고 본래적인 자아의 비평일 것이다. 경험적 자아와 이상적 자아의 분리 또는 분열이라는 주제는 「표류」(『손』 수록)라는 시에서는 "나 아닌 내가 거울 속에 앉아 있다"란 시구 속에 압축되고 있다.

나 아닌 내가 거울 속에 앉아 있다
아득히 별빛 밟고 달리는 열차
녹슨 훈장이 허공에 떠 있다
초승달이 하늘거리며 내려온다
지진계가 진도 10을 가리키고
세상이 물거품처럼 부글부글 끓는다
젖빛 안개에 묻힌 나무 사이로
얼굴 없는 몸뚱이가 무리무리 몰려온다

— 「표류」에서

「표류」의 첫 행은 "나 아닌 내가 거울 속에 앉아 있다"로 시작하여 마지막 행이 "지금도 나 아닌 내가 거울 속에 앉아 있다"로 끝난다. 즉 거울 속의 나와 거울 밖에서 그 거울을 들여다보는 나는 통합되지 못하고 분열되어 있다. 자아는 현상과 본질의 분리, 현실과 이상의 괴리 속에서 표류하고 방황한다. 거울 속의 세계 즉 무의식은 "지진계가 진도 10을 가리키고/ 세상이 물거품처럼 부글부글 끓는다/ 젖빛 안개에 묻힌 나무 사이로/ 얼굴 없는 몸뚱이가 무리무리 몰려온다/ 어둠의 벽 겹겹이 쌓여"처럼 극심한 혼돈과 무질서 상태에 빠져 있다. 하지만 동시에 거울 속의 세계는 "어둠 속을 개똥벌레 한 마리가/ 항을 그리며 놀고 있다"처럼 단순한 어둠과 혼돈의 세계가 아니라 창조성과 밝음에 대한 가능성을 지닌 세계이기도 하다. 시인이 무의식과 초현실의 세계를 그토록 오랜 동안 시화해온 이유는 바로 무의식과 초현실이 지닌 창조성과 자유에 대한 가능성과 희망 때문일 것이다.

어떤 의미에서 시집 『손』은 이처럼 자기반영적 주제를 통하여 본래적 자아와 현상적 자아, 현실적 자아와 이상적 자아가 분열되지 않고 통합 속에 놓인 세계, 조화롭고 평화로운 세계를 지향한다. 하지만 실제로 많은 시들은 욕망과 번뇌에 침윤된 현실을 벗어나고 싶지만 그런 현실에서 벗어나지 못한 현실적 자아에 대한 부끄러움과 괴로움을 표현하고 있다.

3.

　지금까지 차한수의 시는 현실보다는 초현실 면에 무게중심을 두어 왔다. 외적이고 경험적인 의식세계를 표현하기보다는 인간의 잠재의식과 무의식이 떠올려낸 자유연상과 상상력을 통해서 모순되고 불완전한 현실세계를 벗어나는 절대적이고 이상화적인 세계, 초현실적 자유의 세계를 지향하고 추구해 왔다고 할 수 있다.
　그리고 또 다른 축에서 차한수의 시는 인간적 삶의 구경의 목표인 자아완성의 추구란 주제를 형상화해 왔다고 할 수 있다. 그런데 이 주제는 다분히 불교적 인생관에 기초해 있다. 따라서 욕망과 번뇌에 가득 찬 현실을 초월하는 자유와 이상을 추구한다.
　초현실주의적 자유 추구든 불교적 인생관에 기초한 자유 추구든 차한수 시인은 지속적으로 탈현실의 자유 추구를 시적 지향점으로 삼아 왔다. 그는 현실을 불완전하고 모순에 가득 차 있으며, 욕망과 번뇌가 들끓는 부끄러운 세계, 벗어나야 할 세계로 인식해 왔던 것이다. 그의 시는 현실의 한가운데서 현실의 모순과 불합리를 비판하기보다는 현실을 벗어나는 초현실적 자유를 추구함으로써 오히려 현실세계의 불완전성과 속악함을 드러낸다. 그런 의미에서 시인 차한수는 현실주의자가 아니라 이상주의자다. 그리고 그의 시는 리얼리즘의 계열에 서 있는 것이 아니라 모더니즘 계열로 구분 가능할 것이다. (『해운대문예』1집, 해운대문인협회, 1999)

송명희 시평론집 | 시 읽기는 행복하다

8. 현실을 변주해내는 싱싱한 시의 힘

― 곽문환 제 7시집 『긴 그림자는 바람이 되어』

1.

우리나라의 서정시는 대체로 개인적 서정의 세계를 노래하는 보편적 전통을 가져 왔다. 그런데 이번 곽문환의 제 7시집『긴 그림자 바람이 되어』는 개인적 서정의 시보다는 「1997년 사월 서울의 아침은」, 「하늘을 바라보며」, 「IMF」 등의 연작시에서 볼 수 있듯 시대와 현실을 민감하게 반영하는 사회학적 시학의 특징을 보여준다.

시인의 「서정시」란 작품을 보자.

초가집
마당
오동나무 휘어진 토담
휘파람소리
그리움 하나

편지를 쓴다
자꾸만
어머니 가슴은 왜 따뜻한지
달맞이꽃 핀 밤이면
꿈결에 시 하나 써놓고
소리 내어 운다.

― 「서정시」 전문

　이 작품은 참으로 그가 쓰고 싶은 시의 세계가 어떤 것인가를 잘 보여준다. 즉 그는 먼 추억 속의 초가집과 어머니를 그리워하는 꿈결 같은 감동의 시, 그리움의 시를 쓰고 싶다. 그런데 현실은 그러한 개인적 순수서정의 세계에 그를 편안히 머물도록 용납하지 않는다. 왜냐하면, "초가집/ 마당/ 오동나무 휘어진 토담"으로 상징되는 세계인 고향은 이미 변질되어 버렸기 때문이다.

四月
보리밭, 독새풀, 자운영은 윤기가 사라지고
하늘로 치솟던 종달이도 떠난 지 오랜데
어린 비단뱀은 까마귀 떼에 쫓기어 아직
잠에서 깨어나지 못했는지
둑에 살고 있는 우리네 정말 땅을 찾아 헤매고 있다.

― 「金萬頃」에서

　곽문환 시인의 고향인 김제(金堤) 만경평야(萬頃平野)는 이미 사월의 들판을 생명력 넘치게 만들었던 보리밭, 독새풀, 자운영의 윤기가 사라지고, 하늘 높이 치솟던 종달이도 떠나고, 심지어 비단뱀조차 사라진 생기 잃은 들판이요, 텅 빈 하늘로 변해버렸다. 무엇이 들판에 가득 넘치던 생기를 앗아가 버렸는가? 그 원인은 이 시에서 제시되어 있지 않다. 하지만 독자는 무엇이 들판으로부터 자홍색으로 빛나던 자운영의 윤기를 빼앗고, 사월 하늘을 높이 날던 종달새의 노랫소리를 떠나게 만들었는지 잘 알고 있다. 즉 산업문명이 초래한 환경오염과 생태파괴의 실상을 바로 시 「금만경(金萬頃)」에서 어렵지 않게 확인할 수 있다. 이런 현실을 뒤로하고 시인이 먼 기억 속의 초가집과 마당 그리고 오동나무 휘어진 토담을 한가롭게 노래할 수는 없는 것이다.

> 그대 사랑과 함께 여린 숲길을 갈 때면
> 먼 길 달려온 철새들은 조용히 숲에 앉는다.
> 하늘과 맞닿은 언덕의 풀들은 아침이슬에
> 튕기어 오르고 있다.
> 그리고 작은 이파리들은
> 바람 그리움으로 상처받은 모습
> 민들레 깃털처럼
> 나비의 여린 나래처럼
> 쪼그리고 앉아 흩어진 흰 구름 바라보며
> 계곡계곡 사이로
> 숲숲 사이로 순한 작은 꿈을 어루만지고 있다.
>
> 그대와 함께 어린 숲을 갈 때면
> 하늘이 되고 숲이 된다.
>
> — 「예맥골」 전문

이 시는 예맥골 숲의 아름다움을 통해서 자연과 자아가 일치된 통합의 경지를 보여준다. 더욱이 그대와 함께 가는 숲길은 철새들이 조용히 숲에 앉고, 언덕의 풀들은 아침이슬에 튕기어 오르는 조화로운 세계를 연출한다. 예맥골 숲길에서 이 시의 화자는 작은 이파리인 양 바람과 그리움으로 상처받은 몸을 쪼그리고 앉아 민들레 깃털이나 나비의 여린 나래처럼 가볍게 계곡과 계곡, 숲과 숲 사이로 흩어지는 하늘의 흰 구름을 바라보고, 순한 작은 꿈을 어루만지고 싶다. 아니 그대로 하늘이 되고, 숲이 되는 주·객 일치의 동일성의 경지를 체험한다. 시인은 자연 속에서 "작은 이파리"나 "여린 숲길", "여린 나래"에서 보듯 작고 여린 것들과 감정이입을 이룬 소박한 삶을 소망한다. 그래서 세상으로부터 상처받은 몸을 치유하고, 세상사로부터 가볍게 가볍게 벗어나버리고 싶은 것이다.

강, 산, 연이은 계곡 사이 흐르는 물안개 늦장부린 강 성큼 다가서는가 봄 기다리는 보리밭 푸른 물감을 풀어 놓은 듯 저만치 종종 걸음 산길은 가는 아이들 웃음소리 잣나무 숲 상큼한 바람 걸려 소근대는 뒷모습 항상 살아가기 위한 그리운 곳 맑은 눈빛으로 산자락 낮은 길 물소리 새소리 바람소리 사람소리

— 「북한강(1)-청평」 전문

이 시도 봄날 북한강 청평 부근의 강과 산과 들판이 어우러진 조화로운 풍경을 노래한다. 물소리, 새소리, 바람소리, 사람소리가 완벽한 해조에 이른, 즉 자연과 사람이 일치된 동일성의 세계를 노래하고 있다.

그러나 이러한 자연과의 통합에의 꿈은 곧 깨어져버리고 만다. 「숲에서」라는 시는 "몸도 마음도 비워버리고" 숲에 누워 나무와 숲의 청아한 숨소리를 듣지만 "우리는 새들처럼 자유롭게/ 이 나무에서 저 나무로 돌아갈 수 없음을 압니다"라는 인간적 한계를 진술한다. 새와 같은 자유를 갈망하지만 부자유한 현실을 벗어나지 못하고, 자연과 동화되고 싶지만 완전한 동화에는 이르지 못하는 한계를 지닌 존재가 바로 인간임을 시 「숲에서」는 깨우쳐 준다.

시인은 고향에 통합되고 싶고, 자연 속에서 자연과 완전히 동화된 세계를 경험하고 싶지만 그 소박한 욕망은 번번이 좌절된다. 그리고 이번 시집에서는 시인의 소박한 꿈과 작은 욕망이 좌절될 수밖에 없는 현실이 비중 있는 무게로 다가온다.

2.

시인은 문학인이기 이전에 역사와 사회라는 환경 속에서 살아가는 역사사회적 존재이다. 역사사회적 존재로서 시인이 살아가는 시대와 현실은 시인에게 중요한 시적 모티프를 제공한다. 연작시 「1997년 사월 서울의 아침은」, 「IMF」 등은 시인의 사회학적 상상력을 잘 확인시켜 주는 작품들이다.

참으로
서울역 광장에서 욕설이나 뱉고 싶다

비틀거리는 빌딩 숲으로
떠오르는
국회의사당, 대법원, 종합청사
교도소로 달려간다.

(중략)

개자식들
개만도 못한 사람들
아직은 사라진 말들이
애중으로 가득 차 있다가
내일이면 공중분해할 것이다.

― 「1997년 사월 서울의 아침은·5」에서

　1997년 4월 서울역 광장에서 평범한 시민인 화자로 하여금 욕설이나 뱉고 싶게 만드는 대상은 다름 아닌 "국회의사당, 법원, 종합청사"로 상징되는 이 나라의 입법부 사법부 행정부를 대표하는 국회의원, 법관, 행정관리이다. 이 나라를 좌지우지하며 흔들어온 이들을 향해서 화자는 "개자식들/ 개만도 못한 사람들"이라고 욕설을 뱉고 싶고, 이들을 교도소로 보내고 싶을 만큼 애증과 분노에 가득 차 있다. 나라를 책임진 자들이 평범하게 살아가는 시민들에게 희망 대신 절망감만을 안겨주는 1997년 사월의 우리나라의 정치사회적 상황은 화자가 살아있다는 것을 가소롭게 여기도록 자괴감에 빠뜨린다.

살아 있는 것이 얼마나
가소로운 것인가

바람 불면 바람에
흔들리는 풀잎의 비명소리에
창문을 닫는다.

— 「1997년 사월 서울의 아침은·3」에서

　사월의 아름다운 봄날 아침에 화자에게 들려오는 소식은 비 뿌리는 새벽에 북한산 자락에 고목나무가 쓰러졌다는 소식이며, 끼니를 잇지 못하는 북한아이들의 우울한 이야기뿐이다. 그러나 정작 화자는 "바람 불면 바람에/ 흔들리는 풀잎의 비명소리"를 외면한 채 창문을 닫고 만다. 끼니를 잇지 못하는 북한 아이들과 바람에 흔들리는 풀잎의 비명소리를 외면한 채 그 자신의 생존을 위해 "걱정하거나 화나는 일 있더라도/ 해뜨는 아침을 바라보"는 자아의 비겁한 모습에 대한 자괴감이 그로 하여금 "살아 있는 것이 얼마나/ 가소로운 것인가"라고 자문하게 만든다.

　「하늘을 바라보면·1」에서도 자기 자신에 대한 자괴감에 사로잡힌다.

별것도 아닌 것이
정말 별것도 아닌 것이
이 사람 저 사람 욕하다 보면
내가 슬퍼진다.

창가에 앉아
부르지만
전혀 소리 나지 않는 소리.

— 「하늘을 바라보면·1」에서

그 자괴감은 별것도 아닌 자신이 이 사람 저 사람을 향해서 뭐가 잘났다고 욕을 했다는 데 대한 자기부정과 자기연민으로부터 발생한다. 그리고 창가에 앉아서 자신의 목소리가 세상을 향해서 퍼져나가길, 즉 잘못된 현실이 바로잡히길 원하지만 그의 노래는 전혀 소리가 나지 않으니 그는 이래저래 "부끄럽고 창피하기만" 하다. 즉 잘못 되어가는 현실에 대하여 아무런 영향력을 미칠 수 없다는 무력감으로부터 자괴감은 발생한다.

> 여보게
> 잠에서 깨어나지 말게
> 그 깊은 골짜기엔
> 거대한 나뭇잎 하나 떨어지고 있다네.
>
> 창문을 열지 말게
> 달빛은
> 서울의 한면 모퉁이에 처박고
> 진지한 눈물 가득 담고 잠드네
>
> 한숨만이
> 우리들을 잠들게 한다네
> 여보게.
>
> ―「1997년 사월 서울의 아침은·4」에서

아침이 되어도 잠에서 깨어나고 싶지 않고, 창문을 닫아걸고 싶을 만큼 화자의 절망감은 깊고 깊다. 제 1연의 추락하는 나뭇잎의 이미지, 제 2연의 진지한 눈물 가득담은 달빛의 이미지는 아침이 되어도 깨어나고 싶지 않은 화자의 절망적 심정을 적절히 형상화하고 있다. 잠에서 깨어나 본들 아무런 희망도 느낄 수 없이 "한숨만이/ 우리들을 잠들게"하는 현실은 아예 시인으로 하여금 깨어나지 않는 깊은 잠 속에서 현실을 외면하고 싶게 만드는 것이다.

  1997년 겨울은 절망감을 넘어서서 망연자실의 상태에 시인을 빠뜨린다. 즉 IMF라는 낯선 공룡 앞에 우리 국민은 발가벗겨진 채 내던진다.

> 평생 처음 대하는 글자
>   이웃들은 끔찍한 소식들로 잠을 설치는 밤 캉드쉬의 칼날보다 예리한 국제통화기금에 우리 모두가 몽롱한 만 불 시대에 광활한 텅 빈 공간으로 추락하는가. 오늘도 감각을 잃어버린 아이들은 횡단보도 없는 길에 서 있고 많은 실직자들은 아파트 옥상에서 내일 만날 수 있을지. 아직 살아 속주머니에 재산 권리증을 가지고 있지만 언제 휴지 조각으로 변할지 도시에서 황량한 고향을 향하여 떠날 차비를 하고 있다.
>
>   - 「IMF」(1)에서

  IMF란 낯선 현실 앞에서 당혹감을 느끼는 국민의 우왕좌왕하는 심정은 "오늘도 감각을 잃어버린 아이들은 횡단보도도 없는 길에 서있고"라는 시구 속에 적절히 표현되고 있다. 갑자기 만 불 시대의 흥청망청하던 몽롱한 현실로부터 국제통화기금의 지원을 받아야 하는 끔찍한 현실로 추락하고 만 우리나라, 그 결과로서 나타난 대량 실직, 자살, 귀농으로 이어지는 우울한 현실감이 아주 리얼하게 표현되고 있다. 더구나 지도자들은 허리띠를 졸라매라는 공허한 소리

나 하고, 국가파산상태의 IMF를 초래했는데도 불구하고 "재경부는 화장터로 떠났는지 언어는 늪에서 홀씨로 허우적거린다."(「IMF 2」에서)에서 보듯 아무도 책임지겠다는 사람 하나, 잘못됐다는 말 한 마디조차 없는 한심한 현실에 대한 분노와 비판적 톤이 작품을 지배하고 있다.

　시인의 현실에 대한 관심은 비단 정치경제적 상황에 대한 것에 그치지 않는다. 시 「사유」는 포르노가 횡행하는 "연분홍 대중 주간지"의 "비린내 나는" 기사에 대한 비판을 통해서 포르노그라피에 지배된 오늘의 시대상황에 대한 경고를 보여준다. "창이 없는 벽을 향하여 강물이 마른 곳에 꽃이 시드는 소리"에서 보듯 '창이 없는 벽', '강물이 마른 곳', '꽃이 시드는 소리'의 이미지는 결국 오늘의 비상구도 없이 치닫는 종말론적인 성의 타락에 대한 비판이며 경고이다.

　뿐만 아니라 시 「아이들」에서는 가장 아름다운 꽃으로 피어나야 할 아이들의 책상 위에 책 대신에 장난감 총과 게임기가 놓여 있고, 아버지와 어머니가 모두 직장으로 나가버린 상황 속에서 사진과 말을 주고받으며, 목걸이 열쇠를 매고 부모가 돌아올 시간을 확인해야 하는 아이들의 열악한 환경에 대한 개탄을 보여주기도 한다. 또한, 「천사원」에서는 고아원인 '천사원'에 버려진 아이들에 대한 연민으로 그의 마음은 가득 차 있다.

　시인 곽문환으로 하여금 개인적 순수서정을 편안히 노래하지 못하게 만드는 불편한 현실이란 다름 아닌 시인 자신이 살아가고 있는 당대의 정치사회적 상황이다. 곽문환의 시는 탈역사주의적인 서정시가 범람하는 우리의 시적 상황에서 당대적 현실을 충실하게 반영하고 비판함으로써 독자적인 시적 세계를 구축하고 있다. 무엇보다도 그의 시에는 현실이 살아 있다. 살아 있는 현실이 변주해 내는 싱싱한 힘이 느껴진다. 시인은 순수 서정에 대한 탐닉 대신에 그가 살아가는 당대에 대한 애정에서 솟구쳐 나오는 비판의식으로 시를 쓴다. 때로 욕하고 분노하고 절망에 빠지기도 하지만 그는 현실을 결코 외면할 수 없기에, 그만큼 사랑하기에 그런 시를 쓰지 않을 수 없다. 비록 그의 시가 왜곡되고 전도된 현실에 대해 아무런 힘도 미치지 못한다는 무력감에 사로잡히기도 하지만 현실로부터 저만치 물러나서 음풍농월로 자연과 고향을 노래할 수만은 없는 것이다. 그가 발 딛고 선 공간과 시간의 한복판에서 목격하고 체험하는 생생한 경험들을 외면한 채 노래되는 서정은 결코 삶의 진실을 반영할 수 없다. 그것은 결코 진실한 시인의 자세가 아니기에 그는 시가 가야 할 여러 길 가운데 현실주의적 시의 길을 선택하지 않을 수 없었다.

(곽문환,『긴 그림자는 바람이 되어』, 정은문화사, 1999.4)

송명희 시평론집 시 읽기는 행복하다

제2부

1. 연륜의 두께와 신예의 감성
2. 독자와 소통하는 연성(軟性)의 시
3. 우울한 내면 풍경과 음악적 상상력
4. 절제와 거리(距離)의 시학
5. 시와 음악의 치료효과와 새로운 시적 실험
6. 중년여성의 시심
7. 세계화 시대의 시인
8. 영원히 사랑을 꿈꾸는 낭만주의자

송명희 시평론집

시 읽기는 행복하다

송명희 시평론집 | 시 읽기는 행복하다

1. 연륜의 두께와 신예의 감성
— 정선기 · 이선형

1. 부산의 역사지리지 —정선기의 『바다의 말』

 시전문지『심상』으로 등단한 정선기 시인이『바다의 말』이란 시집을 발간했다. 이번 시집은『경부선 그리고 호남선』,『당신은 어느새 종이학으로 날아가고 나는 오선지 위에 쉼표로 남아 있다』,『세상읽기』,『흔들의자 위의 시간』에 이어 다섯 번째 시집이다.
 정선기 시인은 시집을 발간할 때마다 그 동안 써온 시들을 한데 묶는다는 의미를 넘어서서 시집 전체를 아우르는 하나의 큰 주제를 선택해 왔다. 가령,『경부선 그리고 호남선』은 제목이 암시하듯이 우리 현대사에서 반드시 넘어가야 할 테마인 영호남의 지역감정과 같은 문제를 집중적으로 다루었고,『당신은 어느새 종이학으로 날아가고 나는 오선지 위에 쉼표로 남아 있다』는 철저히 연시들로만 구성되어 있으며,『세상읽기』는 시인의 세상에 대한 사색을 담아냈고, 특히『흔들의자 위의 시간』은 우리 시사에서는 보기 드물게 시간에 대한 시인의 깊이 있는 철학적 사색을 담고 있다.

사회적 문제, 개인적 감정, 철학적 사색에 이르기까지 그의 시적 테마는 매우 다양하고 진지하다. 이러한 다양성과 진지함은 그가 풍부한 창작정신과 인생과 세계에 대한 치열한 탐구정신을 가진 시인이라는 것을 말해준다.

그런데 이번 시집 『바다의 말』은 다소 예외적으로 하나의 시적 주제를 선택하지 않고 있다. 즉 시인이 살고 있는 도시 '부산'을 배경으로 한 역사지리지와 같은 시들, 국내외의 여행을 통해서 씌어졌을 것으로 추정되는 여행시들, 그리고 시간과 바다에 대한 사색 등 단일한 주제나 소재에서 벗어남으로써 보다 자유로운 시적 세계를 보여준다.

부산
바다로 가는 길에 뻗은 항구도시
파도에 곱게 씻기는 모래알 꿈 안고
희망은 산호처럼 화사하게 피어난다
해풍이 간지르는 동백꽃 붉게 피고
이슬방울 영롱한 아침햇살 사이로
오색빛깔 출렁이는 끝간데 없는 하늘
어영차 뱃노래 넉넉한 새벽을 깨운다

― 「부산찬가」에서

시인은 모두 13편의 시들로 구성된 「부산찬가」에서 부산의 바다, 낙동강, 청사포, 다대포, 구포, 해운대, 이기대, 신선대, 자성대, 태종대, 몰운대, 오륜대에 대해 골고루 시적 관심을 나타내고 있다. 이 시에 따르면 부산은 "바다로 가는 길에 뻗은 항구도시"로 정의된다.

또한, 낙동강 "7백리 흘러온" 낙동강의 물길이 마지막 머무는 곳이다. 나아가 청사포, 다대포, 구포와 같은 포구를 중심으로 어부들의 삶이 녹아 있는 곳이며, 구포장터와 같은 인정 넘치는 생활이 살아 숨 쉬는 곳이며, 해운대로부터 오륜대에 이르는 일곱 곳의 아름다운 절경이 자리 잡은 곳이기도 하다. 이 다양한 역사적 지리적 요소들이 모이고 어우러져 부산이란 도시의 정체성은 형성된다. 시인이 본 부산의 정체성은 결코 단일하지 않다.

부산은 「부산찬가」에서도 표현했듯이 낙동강 "7백리 흘러온" 낙동강의 물길이 마지막 머무는 곳이다. 시 「낙동강은 흐르고 싶다」는 단순한 부산찬가가 아니라 현재 부산이 처하고 있는 위상을 적절히 시화하고 있다.

  半島의 가슴에 아리는 서런 눈물이 등뼈 굽은 태백산맥을 적신다.

  흘러도 흘러도 바래지 않는 먹빛 역사의
  뒤안을 돌아 을숙도가 바라다 보이는 이쯤에서
  머물 곳을 찾아도 역류의 반항을 어쩌지 못한다.

             ― 「낙동강은 흐르고 싶다」에서

머물 곳을 찾아도 역류의 반항 때문에 어쩌지 못하는 낙동강물처럼 부산은 규모면에서 제 2의 도시를 자랑하면서도 속은 텅 비어 있는 빈껍데기의 도시, 흘러갈 곳도 머물 곳도 찾지 못한 채 무력감과 정체에 빠져 있는 도시이다. 앞으로 발전하지 못하고 정체의 늪에 빠져 있는 부산이란 도시의 무기력함을 시인은 발가락 하나 움직일 수 없는 무력감으로 구체화한다.

푸르던 물빛 창백한 얼굴로 구역질을 참으려 안간힘을 쓴다.

무엇인가 세기말의 다리를 절룩이며
물살을 거슬러 올라가려 하지만
내 육신의 가장 무딘한 발가락 하나
움직일 수 없는 무력감에 빠진다.

- 「낙동강은 흐르고 싶다」에서

 갈 길을 제대로 찾지 못하고 있는 부산은 페놀 중금속에 오염되어 숨을 헐떡이는 물고기와도 같다. 시 「낙동강은 흐르고 싶다」는 겉으로 읽기에 낙동강의 환경오염과 생태파괴를 고발하는 시처럼 읽힌다. 하지만 '낙동강'은 단순히 지리적 공간으로서의 의미만을 지니고 있는 것이 아니다. 낙동강은 부산사람들의 삶을 상징하며, 또한 도도히 흐르고 싶은 욕망은 미래를 향해 도약하고 싶은 부산시민들의 꿈을 상징하기도 한다. 이처럼 '낙동강'을 통해서 파악한 부산의 현재성은 정체에 빠져 있고, 환경은 오염되어 절망적이다. 그러나 아직 도도히 흐르고 싶은 간절한 꿈을 접지 않는 한 부산의 미래는 결코 절망적이지만은 않을 것이다.
 「6월의 코스모스를 슬퍼함-을숙도에서」 등의 시에서도 시인은 생태학적 상상력을 적절히 보여준다. 시인은 '을숙도'라는 부산을 대표할 수 있는 공간을 통해서 부산의 환경오염과 생태파괴에 대한 안타까움을 고발한다. 을숙도에서는 6월에 철모르게 코스모스가 핀 웃지 못 할 사태가 벌어졌다.

> 장마가 온다는 기상청 예보대로
> 을숙도에는 장대비가 내리고
> 추억의 갈대밭을 갈아엎은 들판엔
> 철모르는 코스모스가 피었다.
>
> ―「6월의 코스모스를 슬퍼함―을숙도에서」에서

부산시민들의 추억 속에 을숙도는 갈대밭으로 뒤덮여 있던 우리나라 최대의 철새도래지였다. 그런데 그 을숙도가 하구언의 축조로 지도가 바뀜으로써 생태계가 변화되고 말았다. 철새는 한 마리도 날아들지 않고 대신 을숙도의 하늘을 비둘기가 날고 있다. 그리고 갈대밭은 갈아엎어졌으며 대신 유채밭이 새로 생기는 등 생태지도가 완전히 바뀌었다. 어디 이뿐인가? 가을에 피어야 할 코스모스가 여름 장마철에 철모르게 피어 있는 기가 막힌 현상이 벌어지고 있는 것이다. 인간의 발전만능의 가치관은 지도를 바꾸고, 생태계를 파괴했으며, 가을을 상징하던 코스모스마저 제때에 피지 못하도록 만들었다. 그래서 6월의 코스모스가 그에게는 반가운 것이 아니라 생태파괴의 지표인 듯해 슬퍼할 수밖에 없는 것이다.

그런데 이런 환경오염과 생태파괴가 어찌 부산이란 지역에만 한정될 것인가?

「여름 이야기」는 우리의 바다, 강, 산 모두가 오염되어 있음을 고발한다. 바다는 "비린내보다 더 진한 기름내"로 오염되어 있으며, 강은 강대로 "강물이 페놀거품으로 떠내려 갈 때/ 지느러미 마비된 고기떼의 장송곡"에서 보듯 페놀 같은 중금속에 오염되어 물고기가 살 수 없는 죽음의 공간으로 변모했다. 또한, 산은 산새와 나무가 살 수 없도록 파괴되고 말았다. 레이첼 카슨은 '침묵의 봄'을 말했지만 이

제 이 땅의 시인은 '죽음의 여름'을 고발하지 않을 수 없다. 더없이 풍요로워야 할 여름의 바다와 강과 산에서 어처구니없게도 죽음을 노래해야 하는 비극은 우리가 환경과 생명을 생각하지 않은 채 발전이란 패러다임으로 바다도 강도 산도 마구 파괴해 왔기 때문이다.

정선기 시인의 시는 환경과 생태를 파괴하는 반생명적 현상들에 대해서 고발하고 슬퍼하고 있다. 그런데 그의 시가 반생명적 현상들을 폭로하는 단계에서 나아가 그 근본원인을 분석하고, 대안적 세계관을 제시하는 단계로까지는 나아간다면 생태시로서 더 확고한 위상을 찾을 수 있을 것이다.

이제는 고발과 비판의 시정신이 아니라 반생명적 현상의 극복과 생명의 회복을 말할 수 있는 시정신이 요청되는 시대이다. 생명과 생태주의가 화두로 떠오른 21세기의 시인은 환경운동가나 생태론자와는 다른 의미에서 생명을 수호하고, 자연과 인간이 상생할 수 있는 새로운 세계관을 제시할 수 있어야 할 것이다.

하지만 향락과 소비와 발전을 만능으로 여기는 자본주의적 소비사회를 살아가는 현대인들에게 과연 시인은 어떻게 소비사회적 패러다임과 발전의 패러다임을 뛰어 넘을 수 있는 새로운 가치관을 제시할 수 있을 것인가?

부산이라는 지역성을 가장 잘 나타내는 공간적 지표는 아무래도 '바다'일 것이다. 바다라는 공간을 통해서라야 해양도시, 항구도시, 휴양도시란 개념도 창출할 수 있다. 또한, 부산은 바다를 시적 자원으로 삼은 해양시가 무궁무진하게 창작될 수 있는 도시이다.

이번 시집의 표제는 '바다의 말'이며, 마침 정선기 시인이 살고 있는 집은 광안리 바닷가에 위치하고 있어 그는 아침저녁으로 바다를

1. 연륜의 두께와 신예의 감성 —정선기·이선형

가까이 접하며 바다의 말을 들으며 살아간다. 그가 바다에서 듣는 것은 파도소리만이 아니라 시간의 말이다.

> 무너져 내리는 가슴 깊이로
> 밀물과 썰물이 교차한다.
> 고통을 감싸는 파도소리 들리고
> 목선에 내리는 햇살처럼
> 소리 없이 항해는 시작되었다.
>
> 따스하게 빛나는 별들
> 수평선 낮게낮게 내리면,
> 그물 깁는 순박한 사람들의
> 배추 속살 같은 삶을 위하여
> 고단한 생활에 무릎을 꿇는다.
>
> — 「시간의 바다」 전문

시집의 서문에서 밝히고 있듯이 이순(耳順)에 접어든 시인은 '시간'의 문제, '나'란 문제, '인생'의 문제에 무심할 수 없다. 오히려 사회적 정년을 맞아 많아진 시간은 시인에게 새삼스럽게 자신을 돌이켜볼 시간적 심리적 여유를 제공하고 있다고도 보아진다. 제4시집 『흔들의자 위의 시간』에 이어 그의 시는 여전히 '시간에 관한 철학적 사유'란 테마에 사로잡혀 있는 듯하다. 아마도 시인은 광안리 바닷가 산책길에서 아침저녁으로 밀물과 썰물의 순환과 변화를 목격하고 파도소리를 들었을 것이다. 밀물과 썰물의 순환과 파도소리는 시인에게 인생에 대한 의미를 깨우쳐준다. 따라서 바다는 자연의 바다에서 벗어나 인생의 바다로, 바다의 항해는 인생에 대한 항해로 의미화된다. 그렇다고 해서 시인이 파악한 인생이 화려하고 거창한 것은 아니다. 그는 오히려 "따스하게 빛나는 별들"에서 보듯 따스한 삶에서 가치를 발견한다. 또한, 닿을 수 없는 먼 곳에 떠 있는 별 같은 이상화된 삶보다는 수평선에 낮게 내린 현실적 삶에서 보다 큰 가치를 발견한다. 또한, "그물 깁는 순박한 사람들"의 "배추 속살 같은 삶"의 "고단한 생활", 즉 평범하고 순박하고 순수한 사람들의 소박하고 고단한 삶의 역정에서 인생의 진실을 발견하는 것이다.

표제시 「바다의 말」에서도 시인은 정처 없이 떠도는 인생을 읽는다.

> 길없는 길을 나침반도 없이
> 밤의 별 헤며 여기까지 밀려왔다.
>
> 여기서 또 어디로 가야 하나.
> 정처없이 떠도는 운명
> 다시는 이 바다에 돌아오지 못하리.
>
> ─「바다의 말」에서

인생은 나침반도 없는 항해처럼 늘 외롭고 거칠고 불안하며 불확실성에 휩싸여 있다. 하지만 화자는 밤하늘의 별을 헤며, 즉 꿈과 이상을 저버리고 않고 살아왔다. 이제껏 살아온 파란만장한 인생의 격랑이 이순에 접어들었다고 해서 사라지고 순항으로 변화하는 것은 아닐 것이다. 이순의 연륜에서도 밀려온 파도가 다시 어디로 가야 할지 지향할 바를 알 수 없으며, 다시는 같은 바다에 돌아오지 못하리라는 허무의식을 시인은 바다에서 읽고, 파도의 출렁임에서 듣고 있다. 삶의 연륜과 두께가 느껴지는 시선이다.

문학작품에서 바다의 원형적 이미지는 모든 생의 어머니, 영혼의 신비와 무한성, 죽음과 재생, 무궁과 영원, 무의식에 대한 보편적 상징으로 그려져 왔다. 하지만 정선기 시인의 시에서 바다는 시간, 인생, 항해와 같은 개인적 상징으로 그려졌다. 이러한 개인적 상징의 확장은 어떤 의미에서 바다의 도시 부산에서 살아가는 시인들이 기꺼이 떠맡아야 할 책임이라고 할 수 있다.

2. 신예의 감성 −이선형의 『밤과 고양이와 벚나무』

1994년에 현대문학으로 등단한 이선형 시인이 그간의 노작을 모아 첫 번째 시집 『밤과 고양이와 벚나무』를 상재했다. 시집을 읽어본 전체적 인상부터 말하자면 시인의 시적 감성은 매우 감각적이고 여리고 예민하다는 것이다. 굳이 C.D.루이스의 표현이 아니더라도 시인은 지극히 상하기 쉬운, 다시 말해서 민감한 감성의 소유자이다. 시인은 "썩어가는 헛간이 받아들인 저녁구름과 퀴퀴한 욕망의 천둥과 배고픈 새의 발자국을 내 몸은 알고 있다"고 자서(自序)에서 말한다. 다른 사람들은 스쳐버리지만 시인만이 알고 있는 몸의 느낌을 표현하자는 것이 이선형의 시적 목표이다. 그러면 몸의 느낌을 표현한다는 것은 무엇인가? 그것은 바로 시각 청각 후각 미각 촉각 등 감각을 충분히 활용한 시 쓰기일 것이다. 이선형의 시에는 우리가 그냥 스쳐 버렸음직한 순간의 감각들이 고스란히 포착되어 재생

되어 있다. "시의 목적은 놀랄 만한 사고로 우리를 눈부시게 하는 것이 아니라 존재의 한순간을 잊혀지지 않는 순간으로 만드는 것"이라는 밀란 쿤데라의 말을 떠올릴 만큼 그의 시는 순간의 찰나적 느낌들이 경이롭게 표현되어 있다. 모처럼 부산 시단에서 신예시인이 선사하는 신선한 시적 감동을 맛볼 수 있어 시 읽기는 즐거웠다.

「침묵」, 「봄종소리」, 「비소리」 같은 시들이 보여주는 찰나적 느낌들은 독자를 깊게 사로잡는다.

> 관목 가지 옆 지나갈 때
> 고요한 하늘
> 멧새 두어마리
> 옆나무 가지로 옮겨갑니다
> 가슴 속 불빛을 안고
> 가볍게라는 말보다
> 더 가볍게
>
> 저 깃털 같은 것이라 하여
> 고통이 없겠는가
> 생각했습니다
>
> ─「침묵」 전문

보기에도 작은 나무의 가지에서 가지로 옮겨 다니는 가볍디 가벼운 멧새 두어 마리가 시인의 눈에 포착되었다. 얼마나 가벼운지 나뭇가지조차 흔들리지 않는 멧새의 움직임을 바라보다 시인은 문득 그토록 작고 가벼운 멧새에게도 고통이 있을 것이란 생각에 미치게 된 것이다. 윤동주가 "잎새에 이는 바람에도 나는 괴로워했다"라고 했듯이 시인의 감성을 움직이는 것은 거창한 것, 큰 것이 아니다. 애처롭도록 작은 멧새의 가벼운 움직임이 시인의 마음을 크게 움직여 작은 것들의 아픔에 대해서, 생명을 가진 존재들의 고통에 대해서 생각하게 했다. 침묵 속에 커다란 감동을 느끼게 하는 시이다.
「봄 종소리」 역시 순간의 느낌을 예리하게 포착하여 시적 형상화에 성공하고 있다.

> 아침에 늦새 길을 가는데
> 눈가로 햇빛이 앉는다
> 흘러내릴까 봐 나는 천천히 걷는다
>
> 담 위로 올해 처음 보는 목련송이
> 막 하늘로 날아가려는 흰 바람
> 공중에 번져가는
> 봄 종소리 들린다
>
> 아무에게도 말하지 않을 거다
> 그에게로 가는 사이 말은 금방 시들어 버린다
>
> ―「봄 종소리」 전문

봄날 아침 천천히 걷는 화자의 눈가로 흘러내릴 듯한 봄빛의 느낌을, 누군가의 담장 위로 피어난 하얀 목련꽃에서 들릴 듯한 봄 종소리를 화자는 "아무에게도 말하지 않을 거다"라고 진술한다. 왜냐하면 말하는 사이 그 순간의 신비한 느낌은 시들어버리고 사라져버릴 것이기 때문이다. 말을 다루는 시인의 말에 대한 불신을 엿볼 수도 있지만 시인은 금방 시들어버릴 듯한 또는 어쩌면 스쳐지나가 버리면 영원히 사라져 버릴지도 모를 순간의 찰나적 느낌을 이 시 한 편에서 탁월하게 표현해 내는 데 성공하고 있다. 그런데 왜 하필 목련꽃에서 시인은 봄 종소리를 들은 것일까? 그것은 우선 목련꽃의 모양에서 종 모양을 연상했을 것이고, 무엇보다도 다른 봄꽃들보다 먼저 피는 목련을 보는 순간, 봄이 왔다는 느낌에 강렬히 사로잡혔을 것이다. 목련꽃에 시선이 머문 그 순간 시인의 가슴에는 봄을 알리는 종소리가 마냥 울려 퍼진 것이다. 그 순간의 느낌을 완벽하게 소유하고 싶어서 화자는 "아무에게도 말하지 않을 거다"라고 했다.

「비소리」가 만들어내는 욕망에도 시인은 결코 무심할 수 없다.

나는 네게 스며들고 싶다
빈 마당에
스스로 자라는 어린 것, 풀잎에
굴러다니다 박힌 돌에
지상과 천상을 감당하는 검은

나는 네게
나는 네게

― 「비소리」 전문

빈 마당에 떨어지는 빗소리도 시인을 결코 그냥 지나칠 수 없게 만든다. 그 빗소리는 "나는 네게 스며들고 싶"은 욕망을 만들어낸다. 스며들고 싶은 대상은 스스로 자라는 어린 풀잎이거나 굴러다니다 박힌 돌과 같은 것들이다. 비가 내리는 빈 마당에 있음직한 풀잎, 박힌 돌과 같은 하찮은 것들과의 교감, 그것은 주체의 객체에 대한 일체화의 욕망이다. 스며들어 하나가 되고 싶은 욕망은 결국 빗소리를 듣고 있는 시인의 대상에 대한 일체화의 간절한 욕망일 터이다.

「힘은 달처럼」은 깊은 상처 뒤에도 저절로 차오르는 새살 같은 희망에 대해서 노래한다.

> 놀랍다
> 상처 뒤에 돋는 새살
> 다시 차오르는 달
> 오랜 고통으로 기다린 자는 안다
> 힘은 달처럼 차오른다
> 위안의 나뭇가지, 어둠 속 단애 아래로
> 나를 떨구었을 때
> 봄이 오고 풀이 저절로 자라나는 것
> 진즉에 알았더라면
>
> ― 「힘은 달처럼」 전문

치유할 수 없는 깊은 상처와 극복할 수 없는 절망의 단애로 처박혀 고통 받는 사람들에게 시인은 상처 뒤에도 새살은 돋고, 기운 달도 다시 차오르고, 봄이 되면 풀은 저절로 자라는 것이라고 희망을 가지라고 말하고 있다. 그것이 시간이 해결해 주는 놀라운 치유력인 것이다. 그것을 진즉에 알았더라면 결코 사람들은 그처럼 절망하고 고통 받지 않았을 것이다. 하지만 사람들은 그 사실을 알지 못하고 벼랑 끝에 선 듯한 절망과 고통 속에서 허우적거리며 살아간다.

시인은 시간적으로는 밤과 계절적으로는 봄에 특별히 민감해지는 것 같다. 「봄 밤의 기척」에서 화자는 봄밤의 기척에 잠들지 못하고 마을 앞까지 더듬어 나가 잎이 떨어지는 것, 들고양이가 감나무 줄기를 타고 오르는 것, 물오리의 울음, 감나무의 그림자, 소 울음과 같은 봄밤의 기척을 모두 알아버렸다. 그가 잠들었더라면 결코 알 수 없었던 그 모든 소리들의 기척들을 다 알아버린 것이다. 그것은 그 자신이 들고양이나 물오리나 소 같은 것들과 일체가 되어 살금살금 봄밤을 떠돌아 다녔기 때문에 가능했던 일이다. 그와 같은 느낌은 「밤과 고양이와 벚나무」에서도 반복된다. "이 한순간, 나를 지나가는 밤의 공기/ 그 융단같은 뺨의 스침/ 그것은 수천의 날을 지나막 나를 스쳐간다"(「밤과 고양이와 벚나무」에서)에서 보듯 시인은 밤과 고양이와 벚나무에 분리할 수 없이 하나가 되어 있다.

  시는 거창한 것이 아니라 한순간의 찰나적 느낌에 충실해야 한다는 것을 이선형의 시는 성공적으로 보여주고 있다. 모처럼 지극히 감각적이고 한순간의 찰나적 느낌에 충실한 시를 만나 즐거웠으며, 앞으로 부산시단의 유망주로서 더 큰 발전이 있기를 바란다. (『시와 사상』 28호, 2001.3)

송명희 시평론집 | 시 읽기는 행복하다

2. 독자와 소통하는 연성(軟性)의 시
― 박정선

1.

　박정선 시인이『우리 절반만 이야기하자』,『바람 부는 날엔 그냥 집으로 갈 수 없다』에 이어 세 번째 시집『겨울꽃』을 상재한다. 1986년「문학정신」에 시조로 등단하여 시조뿐만 아니라 시, 그리고 소설 장르에 이르기까지 시와 산문을 넘나드는 왕성한 창작활동을 보여주고 있는 박정선 시인을 볼 때마다 문학적 태도의 성실성과 진지함, 그리고 자기 자신에 대한 매우 엄격한 절도에 깊은 인간적 신뢰를 느끼게 된다. 또한, 박시인이 정확한 표준말과 몸에 배인 당당한 태도로 자신의 의사를 분명히 말할 때면 듣는 이는 누구라도 설득당하지 않을 수 없다. 박시인과 사귄 지는 얼마 되지 않지만 나는 그녀를 만날 때마다 부산 문단에 참으로 똑똑한 여성이 존재한다는 생각을 한다.

그런데 뜻밖에도 그녀의 두 번째 시집 『바람 부는 날엔 그냥 집으로 갈 수 없다』를 읽고, 나는 그녀의 정신세계가 매우 고독하다는 사실을 발견하게 되었다. 그 당당하고 똑똑함 뒤에 숨어있는, 세상과 결코 쉽게 타협하지 않는 절대고독의 견고한 성을 발견한 것이다. 어쩌면 그녀의 당당함도 자신의 빛나는 정신적 고독이 밖으로 스며 나온 태도일 수도 있겠다는 짐작을 해본다.

앞서 발간한 『바람 부는 날엔 그냥 집으로 갈 수 없다』가 고독한 경성(硬性)의 시적 특징을 나타낸다면 이번 시집은 가을날의 멜랑코리한 정서와 사랑의 본질적 속성, 중년에서 바라본 세상살이의 깊이와 넓이를 짐작케 해주는 시, 그리고 생태주의적 지평을 보여주는 비교적 연성(軟性)의 시들로 채워져 있다. 말하자면 비교적 짧은 기간에 박시인의 시적 세계에 변화가 왔음을 감지하게 된다. 만약 이번 시집의 시들을 시낭송회장에서 읽는다면, 독자들은 바로 그 자리에서 큰 감동을 맛보게 될 것이다. 그만큼 이번 시집의 시들은 부드러움과 편안함, 그리고 감미로운 서정을 풍부하게 가지고 있다.

시인 자신의 주관적 정서에만 충실한 시가 아니라 독자와 그 감동을 공유할 수 있는 시, 독자를 배려한 쉽고 편안한 시를 쓰려는 노력은 소중한 것이다. 문학도 소통의 한 양식이며, 커뮤니케이션의 일종이라고 할 때에 시인이 독자와의 소통을 고려하기 시작했다는 것은 바람직한 변화라고 하지 않을 수 없다.

대학에서 문학이론을 강의하는 교수로서 나는 때때로 문학의 이론은 누구를 위해 봉사하는가에 대해 회의를 가질 때가 있다. 문학이론이 문학을 읽는 독자를 위해서도, 창작을 하는 작가를 위해서도 결코 도움이 되지 않은 채 이론을 위한 이론으로 너무 멀리 흘러가고 있지 않은가라는 회의를 가질 때가 있는 것이다. 창작으로서의 문학도, 문학이론도, 평론도 독자에게 보다 친근하게 다가가야 한다.

특히 시라는 장르가 독자라는 대중성을 확보하지 못한 채 문단 내에서 시집을 돌려 읽고마는 것으로 전락해버릴 때, 장르 자체가 소멸되어 버릴 수도 있음을 시인들과 시이론가들은 심각하게 숙지할 필요가 있다. 따라서 이제 시인들은 자신의 시가 어떻게 독자와 소통을 시작해야 할 것인가를 중요한 창작의 화두로 삼고 시를 써야 할 시대를 살고 있는 것이다.

2.

「가을」, 「가을 서정」, 「가을 편지」, 「들길」은 시인의 가을에 대한 정서를 유감없이 표출하고 있다.

> 가을은 신이 허락한
> 탈선의 시간
> 사경을 헤매던
> 그대 자유를 붙들고
> 마음의 지시대로 따르라
> 끝없는 환상으로 지어놓은
> 성을 찾아가
> 바람 부는 대로 춤을 추라
> 지고한 겉옷을 벗어
> 무질서하게 흔들녀

그대 속내보다 천 배나 부풀려
거나하게 취한 춤을 추라
누군가 구대에게
엄숙한 표정으로
집으로 돌아가길 재촉하더라도
아직은 가을이라고
당당하게 외면하라.

― 「가을」 전문

　이 시에서 화자는 가을의 시간성을 "신이 허락한/ 탈선의 시간"으로 규정한다. '탈선'이란 시어가 독자의 마음을 흔드는데, 이는 현실로부터의 초월, 규범과 질서의 억압으로부터의 해방 내지는 자유와 등가성을 지닌 시어로 해석할 수 있다. 즉 일상의 규범성으로부터 벗어나는 해방과 자유와 그리고 일탈에의 충동은 인간의 본원적 욕망이고 꿈이다. 말하자면 가을이란 계절은 인간으로 하여금 자유와 일탈에의 유혹을 무한대로 환기시킨다. 따라서 탈선의 시간인 가을에 이성과 도덕과 질서로 무장한 겉옷을 벗어던지고, 일탈과 무질서에 대한 욕망을 무한대로 발산해 보라고, 감성의 춤을 마음껏 추어 보라고 시인은 당당하게 노래한다. '집'으로 표상된 일상성으로의 복귀보다는 "끝없는 환상으로 지어놓은/ 성을 찾아" 당당하게 나서 보라고 시인은 유혹한다. 어떤 의미에서 일상세계의 건전성은 이러한 비일상적인 탈선과 정신적 자유의 과감한 추구로부터 유지될 수 있다. 특히 문학은 인간의 일탈에의 욕망을 상상적으로 대리실현시켜 주는 만큼 풍요로운 일탈에의 상상력은 도덕적 일탈이 아니라 도덕적 건전성을 유지시켜 주는 원천이 된다.

이처럼 무장해제 된 시간인 가을의 들길에서 시인은 그라는 대상에 대한 사랑과 그리움을 숨김없이 노정한다.

> 목을 감싸안은 검은 머리를
> 자연스럽게 두고
> 자갈색 원피스에
> 코발트빛 자수정 브로우치를
> 달고
> 그를 맞으러 가는 길입니다
> 아지 그의 손짓이 보이지 않은
> 들길에
> 소국만 흔들리는 가을날 오후
> 가도가도 끝없는
> 들길에
> 아직 그의 웃음이 보이지 않은
> 서름
> 세월처럼 기다릴 테요
> 물처럼 흘러갈 테요
> 이 지극한 비밀을 거침없이 벗겨버린
> 가을을 탓하며
> 디오게네스의 간절한 햇빛처럼
> 코발트빛 자수정 브로우치를
> 가을 내내 반짝일 테요
>
> ―「들길」 전문

연가풍의 이 시에서 여성화자는 검은 긴 머리에 자갈색 원피스를 입고 거기에 코발트빛 자수정 브로치를 달고 있다. 오직 소국만이 흔들리는 가을 들길은 성장한 여성화자가 사랑하는 대상을 맞으러 가는 길이며, 아직 오지 않는 그를 세월처럼 기다리는 끝없는 서러움의 공간이기도 하다. 하지만 그보다 중요한 '들길'의 의미는 그에 대한 사랑과 기다림의 내밀한 마음을 거침없이 벗겨낸 공간이라는 것이다. 자갈색 원피스에 달려 반짝이는 "코발트빛 자수정 브로우치"야말로 그에 대한 사랑과 그리움의 상징이다. 여성화자는 그에 대한 사랑과 그리움을 "가을 내내 반짝일" 것이라고 고백한다. 따라서 가을은 사랑을 고백하는 시간이며, 가을 들길은 사랑의 대상에 대한 그리움을 숨김없이 표출하는 시적 공간이다. 「들길」의 시세계는 「가을」에서 보여준 탈선이나 자유와 맞닿아 있는 솔직한 자기노출을 보여주고 있다. 가을은 이처럼 시인으로 하여금 과감하고 솔직한 자기노출을 가능하게 만든다.

  이번 시집에서 시인은 사랑의 감정 표출에도 매우 솔직하다. 그것은 둑을 쌓고 막듯이 억압해서 될 일이 아니라 물이 흘러가는 대로 풀어놓아야 할 자연스런 감정임이 거듭 진술된다.

    경이로운 순간 중에서도 경이로운
    순간은
    그를 발견한 것
    굳이 헤집어 생각하지 마라
    시냇물이 흐른 대로 좋듯이
    뜻 모른 채 새소리가 아름답듯이
    마음 가는 길
    만개한 꽃처럼 잠자던 영혼이 피어오른 감동
    수만 개 실핏줄이 투명한 선율로 울리는 감동을

애써 억제하지 마라
그때부터 밤낮 숨막히게 그리웠다고
고백하고 싶은 마음을 단순하게
흐르는 물처럼 풀어두라
굳이 따지려 하지마라 밤새 몸 뒤척이며
아니라고 이게 아니라고 힘주어 고개 흔들지 마라
생명이 후일을 기약할 수 없듯이
감동은 잠시 후를 기약할 수 없다
화려한 목련이 삼월을 채 넘기지 못하고
후두둑후두둑 꽃잎 떨구는 슬픔을 보라
땅을 향해 투신하는 빗줄기의 최후를 보라
경이로운 순간이 그대 가슴을
밤새도록 다시 밤새도록 까맣게 태울 때
고급 순정액 기름을 부으라.

― 「순간」 전문

 이 시는 사랑의 감정을 분석하고 억압하며 부정하지 말고, 순정액의 기름을 부어 불태우라고 과감하게 권유한다. 사랑에 대한 솔직하고도 진실한 자기인정을 해보라는 것이다. 그 이유는 사랑의 발견, 사랑의 감동, 사랑의 경이는 "경이로운 순간 중에서도 경이로운/ 순간"에 존재하는 찰나적인 감정이기 때문이다. 또한, 사랑의 감정은 "생명이 후일을 기약할 수 없"으며, "화려한 목련이 삼월을 넘기지 못하고" 꽃잎을 떨구듯이 영속되지 않는, 즉 미래를 기약할 수 없는 것이기에 그 순간의 감동을 억제하지 말고 감정에 충실하라고 말하는 것이다. 결국 모든 생명이 후일을 기약하지 못하듯이 우리 인간의 생명도, 그리고 생명현상 가운데서 가장 고귀한 사랑이란 감정도

순간 속에 존재하기 때문에 삶은 순간의 감정에 충실함으로써 충일할 수 있다고 노래하는 것이다.

  삶이란 부자연스런 억압만으로는 가능하지 않으며, 생명과 젊음과 사랑도 영속되는 것이 아니라는, 즉 모든 것은 변화하며, 인간은 유한한 존재라는 인식은 시인이 지천명에 이르기까지의 긴 세월 동안 수없이 겪었을 자기 억제와 갈등을 거쳐 비로소 터득하고 획득한, 즉 젊었을 순간에는 결코 얻을 수 없었던 깨달음일 것이다. 그래서 지천명의 나이에 던지는 사랑에 대한 화두는 매우 솔직할 수 있는 것이다.

    비가 너무 와도 우린
    불행하다
    비가 너무 오지 않아도 우린
    불행하다
    우리가 서로 사랑하는 것도
    비 같아서 어지럽다
    아카시아 꽃잎이 지천으로 피어나도
    어지럽다
    꽃잎 몽땅 져버린 유월
    미련 가득한 서글픔으로 어지럽다
    우린 밤새 잠 못 이루며
    떠나버린 것을 그리워하는
    본능
    가까울수록 멀어지고 싶은 본능
    비가 너무 많이 와도
    비가 너무 오지 않아도 우린

발을 구른다
         사랑한다 사랑한다
         사랑한다란 말이 가슴을 차오를 땐
         서로 만날 수 없는 거리에서다

                                      -「본능」전문

 비가 너무 많이 와도 너무 오지 않아도 불행하듯이 사랑의 감정도 너무 가까우면 멀어지고 싶고, 떠나 버리면 그리워지는 이율배반의 속성을 지니고 있다. 아카시아 꽃잎이 끼친으로 피어나면 어지럽고, 꽃잎이 모두 다 져버리면 서글퍼 잠 못 이루듯이 사랑의 변화무쌍하고도 양가적인 속성을 이 시는 숨김없이 드러낸다. 사랑은 그래서 중용을 지키기 어려운 감정이다. 너무 가까이 오면 도망치고 싶고, 멀리 떠나가면 아쉬운 감정의 갈등, 그 틈새에 사랑은 존재한다. 애초에 사랑이란 것이 서로에게 일치됨으로써 자아를 몰각하는 감정이고 보면, 주체로서의 자아의 독립성을 추구하고자 하는 의지와 상대방에게 일치됨으로써 자아를 망각하고 싶은 사랑이란 감정의 갈등 속에서 중용을 찾는다는 것은 지극히 어려운 일일 수밖에 없다. 바로 이러한 사랑의 갈등심리와 이율배반적 본질을 이 시는 매우 탁월하게 시화하고 있다.

         바람은 노상 물을 스치지만
         물과 함께 살지 못한다
         사람은 노상 사랑을 품지만
         붙잡지 못한다.
         사는 날까지

바람 같은
바람은 강을 맴돌고
사람 같은 사람은
사랑을 맴돈다

— 「강가」에서

「강가」에서도 서로를 향해 맴돌지만 결코 붙잡을 수 없는 사랑의 본질이 노래된다. 바람이 노상 물을 스치지만 물과 함께 살지 못하듯이 사람은 늘 사랑을 품지만 사랑을 붙잡지 못한다. 그러면서도 바람이 강을 맴돌 듯 사람은 포기하지 않고 사랑의 주위를 맴돈다. 독립적 두 개체가 친밀하게 연결되고, 일치되고, 함께 살고자 소망하는 것이 사랑이지만 그 일치감은 순간 속에 존재하며 나머지 시간은 서로의 주위를 맴도는 것, 바로 이것이 박시인이 파악한 사랑의 속성이다.

3.

박시인은 일상성이 지배하는 세계인 '집'이란 시적 화두를 통해서 중년의 인생에 대한 깊이와 넓이를 표현한다.

길을 떠나고 싶어한 것은
집이 있기 때문이다
동행을 사양하고

지름길을 피하여
달려가 본 곳
결국 그곳에도
사람 사는 이야기
깨어지지 않는 꿈 부추겨 안고
무작정
그곳에 가보면
바람 맛도 물맛도 사람 맛도
틀리지 않아
더 멀리 갈수록
홍수에 산 무너지는 소리
여행은 집을 떠난다는
설레임
집을 떠난 사람끼리
다시 집 이야기를 하며
돌아와야 하는 길

— 「여행」 전문

 "길을 떠나고 싶어한 것은/ 집이 있기 때문이다"에서 보듯 '길'과 '집'의 상대성을 통해서 인생살이의 본질적 속성이 설파되고 있다. 사람은 집에 있으면 길을 떠나고 싶지만 여행을 떠나봐도 그곳이 별유천지비인간(別有天地非人間)의 특별한 장소가 아니라 마찬가지로 사람 사는 곳이란 깨달음, 결국 여행은 "집을 떠난 사람끼리/ 다시 집 이야기를 하며/ 돌아와야 하는 길"로 규정된다. 머무르면 떠나고 싶고, 떠나면 돌아오고 싶은 원심력과 구심력의 작용 반작용을 거듭하는 인간의 갈등심리를 「여행」이란 시는 집과 길의 상대성을 통해서 적절히 시화해 내고 있다.

　유사한 시적 발상으로 쓰여진 시가 「산은 산이요 물은 물이다Ⅱ」이다. 이 시는 세상과 사람이 싫어 산과 물을 찾아 떠나지만 결국 사람은 산도 물도 닮을 수 없으며, 사람끼리 어울려 살아가야 한다고 진술한다. 탈세간이 아니라 세간 속에서 진리를 찾고 삶을 추구해야 한다는 이치를 말한 것이다.

　　　평생 좋은 건물에 살면서
　　　늘 집을 찾고 있다
　　　쏴아 쏟아지는 뜨거운 물에
　　　샤워를 즐기면서
　　　목욕할 집을 찾고 있다

　　　　　　　　　　　　　　　　　　　　－「안식처」에서

　인간의 양면적 속성은 「안식처」에서도 드러난다. "평생 좋은 건물에 살면서／ 늘 집을 찾고 있다"처럼 인간은 현재의 집을 영원한 안식처로 여기며 만족하지 못하고 또 다른 집을 찾으며, 현재의 살아가는 조건에 만족하지 못한다. 「집이 없는 사람」은 가정부까지 거느린 78평짜리 고급 아파트로 배달을 나갔다가 돌아온 야채가게 아저씨의 넋두리와 화자 자신이 15년 전 160평짜리의 저택에서 살았지만 고뇌가 160평 가득했었다는 회상이 대비되며, 인간의 진정한 행복은 외형적인 부나 물질적 소유의 크기에 있지 않고, 내면적 충족과 행복에 존재함을 일깨워준다.

2. 독자와 소통하는 연성(軟性)의 시 —박정선

  집주인은 실과나무를 키울 줄도 알지만
  잡초도 키울 줄 알고 있다 소유물이 많을수록
  가슴 터지는 세상에 집주인은 가슴을 열어놓듯
  노상 녹슨 철대문이 반쯤
  열려있는 집

              —「풀하우스」에서

 「풀하우스」도 마찬가지로 "소유물이 많을수록/ 가슴 터지는 세상"과는 역행하는 '사거리 코너의 녹슨 대문집'이 중년여인의 물욕을 벗어난 무심한 삶의 여유에 대해서 노래한다. 물질로 가득 찬 풀하우스가 아니라 세속적 부의 추구와는 전혀 상관없는 시적 상관물인 '잡초나 실과나무'로 집을 가득 채운, 즉 물질적 욕망으로부터 초월한 삶을 살아가는 '녹슨 대문집' 여인의 삶이야말로 21세기의 전 인류적 화두가 될 생태주의적 삶의 태도라고 할 수 있다. 영국의 경제학자 찰스 핸디가 필요 이상의 과소비와 소유를 부채질하는 자본주의를 비판하며 주장한 '헝그리정신'을 「풀하우스」의 집주인에게서도 발견할 수 있는 것이다.
 이제 인류는 더 많은 물질의 소유를 위해서 고민해야 할 때가 아니라 더 많은 노동과 더 적은 소유를 위해서 고민해야 한다. 그 길만이 생태파괴의 위기로부터 지구를 살릴 수 있으며, 우리의 사회를 '지속 가능한 사회'로 만들 수 있다. 우리에게 진실한 내적 충족과 행복을 주는 삶이란 무엇인가란 근원적 질문을 이 시는 던져주고 있는 것이다.
 이러한 자세는 「나무처럼」이나 「풀잎의 고백」에서 반복된다.

이제부터
나무처럼 살기로 했다
봄이면 새롭게 싹을 틔울 줄도
알고
여름이면 무성한 잎으로
그늘을 만들 줄도
알고
가을이면 기꺼이 버릴 줄도
아는
사철 충실한 나무처럼 살기로 했다

― 「나무처럼」에서

   이 시는 나무가 봄 여름 가을 겨울을 지나면서 어떻게 자연의 순리에 순응하는가를 제시하면서 바로 그러한 나무처럼 자연의 순리에 따르기로 한 화자의 의지를 천명한다. 인간과 자연이 서로 대립하지 않고 상호의존 하는 삶이야말로 생태주의적 세계관에서 가장 이상적인 삶의 양식이다. 하지만 앞 연의 응축된 시적 함축미는 마치 사족과도 같은, 제 2연의(인용하지는 않음) 서술적 고백으로 인해 긴장이 깨어지고 있음을 유의할 필요가 있다. 그리고 이처럼 시적 긴장을 깨뜨리는 서술적 표현은 몇몇 시들에서 산견되고 있다.
   「풀잎의 고백」은 태풍으로 쓰러져 누운 큰 나무 곁의 작은 풀잎을 화자로 설정하여 연약한 존재의 가치와 가난한 삶의 아기자기한 아름다움에 대해서 노래한다.
   새천년이 밝은 새해, 우리는 강한 것, 큰 것, 또는 지배와 정복과 같은 남성적 가치를 버리고 약한 것, 작은 것, 이제까지 지배받고 정복받아 신음했던 것들, 즉 여성적인 것의 가치를 새롭게 주목해 보아야 한다. 새 천년과 21세기의 화두는 남성이 아니라 여성이다. 직관, 모성, 보육, 감성 등을 포함한 생명력, 다양성, 역동성, 순환성으로 상징되는 여성성이야말로 생태환경의 파괴와 인류의 생존을 위협해온 남성적 문명과 세계관으로부터 생태환경을 지키고 인류의 생명을 구원할 수 있는 대안적 가치요, 새로운 세계관이다. 오늘의 시는 바로 이 여성적인 것들의 가치에 주목하고, 여성성을 일깨울 수 있는 생태주의적 세계관를 적극적으로 표현해낼 수 있어야 한다. 이러한 역사사회적 문맥에서 볼 때 박정선 시인의 몇몇 시들은 21세기적인 새로운 과제에 충실한 시적 지평을 보여준다 할 것이다.

제 3시집의 발간을 진심으로 축하하며, 앞으로의 시세계에 더욱 발전이 있기를 기대한다. (박정선, 『겨울꽃』, 세종문화사, 2000.3)

송명희 시평론집 | 시 읽기는 행복하다

3. 우울한 내면 풍경과 음악적 상상력
— 류선희의 시

1. 우울하고 고독한 톤(tone)으로 연주되는 겨울조곡(組曲)

「한국시」를 통해서 등단한 류선희 시인이 『그대의 빈 들에서』, 『화수동집 뻐꾸기』, 『벽 속의 낮달』에 이어 네 번째 시집 『눈 먼 새를 위한 푸가』를 발간한다.

그의 시는 피아노 전공의 경력이 말해주듯 풍부한 음악적 발상법과 상상력을 토대로 쓰여졌다. 가령, 연작시로 쓰여진 「겨울조곡」을 비롯해서 「눈 먼 새를 위한 푸가」, 「비창」, 「환희의 칸타타」, 「여름 소나타」와 같은 작품은 제목에서부터 음악적 상상력을 물씬 환기한다.

연작시 '겨울조곡'은 스산한 겨울풍경을 배경으로 시인의 우울한 내면풍경이 다양하게 연주된다.

어느새
어설픈 담도 없는 막다른 골목이다
죽어가는 바다의 신음소리
저만치 밀어내고
환상적인 아리아로
누구에게나 푸른 새벽을 안기던
새들도 없고
온갖 몸짓으로
우리를 황홀하게 하던
꽃들도 없다.
급할 것도 없는 바람조차
이미 한풀이 끝내고
사랑하던 숲을 떠났다.
아무것도
아무것도 예감하지 못하는
어리석은 것들만
메아리 없는 흔적
게걸스레 핥고 있을 뿐

— 「겨울組曲 · Ⅱ-12월」 전문

사계절의 신화에서 보면 겨울은 죽음, 변형, 희생의 신화이다. 겨울은 불합리하고, 고통스러우며, 절망에 찬 세계로 구체화된다. 겨울은 봄이 새벽, 탄생, 결혼, 구제의 신화 속에서 상승의 운동을 발견하는 것과는 달리 하강의 운동이며, 어둠, 혼란, 불모, 소멸, 그리고 노년의 이미지로 연결되는 계절이다. 류시인의 시에서도 겨울은 어김없이 죽음과 불모와 소멸, 그리고 고통의 이미지를 형성하고 있다.

「겨울組曲·Ⅱ-12월」에서 겨울은 말할 수 없이 황량하고 쓸쓸한 계절로 형상화된다. 푸른 새벽을 안기던 새들, 우리를 황홀하게 하던 꽃들, 바람조차 사랑하던 숲을 떠나버린 죽음과 불모와 적막과 고독의 계절이 겨울이다. 그런데 어설픈 담도 없는 막다른 골목과 마주선 것 같은 절박한 느낌의, 또한 아무 것도 예감하지 못하는 가장 비창조적인 계절인 겨울이 오히려 시인에겐 우울한 시적 상상력을 불러일으키는 것 같다. 그것도 연작시 형태의 다양한 발상법으로……

> 뒤돌아보게 하는 향기도 없습니다
> 그냥 지나치지 못하는 미소도 없습니다
> 축축한 길섶 혹은 들녘 어딘가에
> 있어도 없는 듯 잊혀져 살아도
> 느닷없는 눈바람에 고개 꺾인 동백처럼
> 슬프게 슬프게 울어 본 적도 없습니다.
>
> ─「겨울組曲·Ⅴ-들꽃」 전문

겨울의 들꽃은 뒤돌아보게 하는 향기도, 그냥 지나치지 못하는 미소도 없이 "있어도 없는 듯 잊혀져 살아"가는 존재이다. 그러면서도 결코 슬프게 울어본 적도 없는 서러운 존재가 들꽃이다. 이 시의 '들꽃'에는 세상에서 있어도 없는 듯 살아가는 소외된 자, 잊혀진 존재의 슬픔이 투영되어 있다. 겨울은 소외된 존재들을 향한 슬픔이 배어나는 계절이다. 시인은 이처럼 세상의 양지보다는 음지를 향해 시선이 기울어져 있으며, 다분히 비껴선 의식으로 음지에서 살아가는 존재들에 마음이 쓰여지는 독특한 시선을 유지하고 있다.

> 자랑스럽던 뿌리
> 삭풍에 패여
> 허연 속살 다 드러났다.
> 골 깊이 각인된 추억
> 어느새 죄 쏟아져 내려
> 달빛 떠난 고샅보다
> 더 을씨년스런 몰골이다.
> 허지만
> 구겨진 영혼에 맞는
> 아니 조금이라도 어울리는
> 옷 한 벌 꿰고 싶어
> 달빛 한 줄기 없는
> 이 고샅을
> 아직도 떠나지 못한다.
>
> —「휴지의 꿈」전문

　비껴선 자로서의 시선은 「휴지의 꿈」이라는 시에서 가장 잘 드러난다. 「휴지의 꿈」은 이미 모든 욕망을 다 드러내 버린 채 고샅에 나뒹구는 을씨년스런 휴지, 그러면서도 아직 고샅을 떠나지 못하고 있는 휴지의 미련에 대해서 노래한다. '휴지'는 더 이상 감출 자존심도, 간직해야 할 추억도, 꿀 수 있는 꿈도, 그리고 그 절망을 밝혀 줄 달빛 한 줄기마저 없는 절망의 극한상황에서도 구원에 대한 미련을 버리지 못하고 있다. 이처럼 우리 인간은 절망의 마지막 순간에서도 "구겨진 영혼에 맞는" 구원, 즉 "옷 한 벌"을 찾고 있는 존재일지 모른다. 여기에서 인간에게 종교가 필요해지고, 또한 구원에 대한 간절한 염원인 기도(祈禱)가 솟아나오는 것이리라.

> 안개가 섬 다 삼키고
> 폭풍이 바다를 돌아 눕히기 전에
> 부디
> 사랑의 불씨 건네시어
> 가르멜산의 엘리아처럼
> 당신 증거하는
> 등대이게 하소서
>
> ―「기도·6」 전문

 류시인에게 구원의식을 불러일으키는 종교는 천주교다. 그의 시는 때로 기도의 형태로 표현된다. 이 시에서 '안개'나 '폭풍'은 신의 사랑과 구원과는 상대적인 개념인 '신의 구원의지에 대한 회의'나 '절망'에 대한 상징이다. 이 시에는 "안개가 섬 다 삼키고/ 폭풍이 바다를 돌아 눕히기 전에"에서 보듯 신의 구원을 의심하고, 절망이 인간을 집어삼키기 전에, 즉 신의 사랑을 포기하기 전에 절망에 빠진 인간을 구원해 달라는 간절한 기도가 짙게 표백되어 있다. 무엇이 시인을 이토록 절망하게 만들었는가, 또한 무엇이 이토록 간절한 기도를 신을 향해 올리도록 만들었는가? 실로 이 시에서 화자를 간절한 기도의 세계로 빠지게 한 절망의 실체는 드러나지 않는다. 그리고 그 실체가 드러나지 않았다는 점에서 시세계가 다소 추상적이라는 느낌을 피할 수 없게 된다.

 「기도·7」은 유한한 존재인 인간이 도저히 피할 수 없는 죽음이란

통과의례를 두려움 없이 통과할 수 있도록 해달라는 간절한 기도이다.

> 강 건너 멀리 서 있는 죽음, 그 죽음을 줄곧 바라보며 거위를 키우다 친구인 듯 조금도 주저하지 아니하고 죽음을 좇아 강을 건넌 어느 목동처럼 죽음이 내 어깨를 감쌀 때 불던 피리 그대로 놓고 죽음의 손 서슴없이 잡게 하소서.
>
> — 「기도·7」 전문

죽음은 삶의 세계로부터 단절(seperation)을 필연적으로 요청한다. 하지만 삶에 대한 욕망과 미련에 휩싸여 있는 인간은 그 단절이 결코 용이하지 않다. 아니 그 단절을 가능하다면 피하고 싶고, 삶을 더 연장하고 싶다. 시의 화자는 모든 인간, 모든 생명체가 피할 수 없는 죽음을 친구처럼, 서슴없이 맞을 수 있게 해달라고 신을 향해 기도를 올린다. 죽음과 친구할 수 있다는 것은 결국 삶과 생명에 대한 미련과 욕망을 버림으로써 가능할 것이다. 그래서 이 시의 기도는 궁극적으로 삶을 연주하던 '피리'를 아무런 미련 없이 그대로 놓을 수 있는 초월의 힘을 달라는 기도이다.

2. 내향형 인간의 부끄러움

류시인의 내면의식은 때로 아주 치열하다. 군자는 홀로 있어도 삼간다는 '독신(獨愼)'이란 말이 있듯이 「겨울조곡·XVI― 나목의 노래」에서는 아무 것도 지향하지 않는 무욕의 눈부심을 잎을 모두 떨군

나목의 어깨에서 발견한다. "내가 나에게 부끄러운 것이/ 가장 부끄러운 것이느니"라는 의식은 윤동주의 「서시」에서 "하늘을 우러러 한 점 부끄럼 없기를" 바라는 심정보다도 어떤 의미에서는 더욱 치열한 도덕의식이다. 그것은 대상이 있는 신과의 관계가 아니라 대상이 없는 자신과의 관계 속에서 우러나오는 의식이기 때문이다. 그리고 부끄러움이란 남을 향해 발산되는 감정이 아니고 자기 자신을 향한 감정반응이다. 그러면 왜 내가 나에게 부끄러운가? 그것은 시적 화자가 가지고 있는 양심과 초자아가 아주 높은 도덕적 수준을 유지하고 있기 때문일 것이다. 남에게 보이지 않지만 자신의 내면적 욕망에 대해서 부끄러워하는 의식, 그는 인간의 내면에도 질서를 교시하는 신호등이 있어야 한다고 노래한다.

    색맹이나 청맹과니라도
    자신에겐
    언제 어디서든 간에
    또렷이 보이나
    他人에게는
    전혀 보이지 않는
    신호등이 있다.
    바로 가고, 멈추고, 돌아가는 것이
    車道의 그것과
    조금도 다를 바 없는데
    사람들은
    예사로 위반하여
    어느 누구도

> 그 무엇으로도
> 꿰맬 수 없는
> 만신창이가 된다.
> 살면서
> 가장 무서운 것은
> 누구에게도 들킬 염려 없는,
> 살아 있는 한 꺼지지 않는
> 내 안의 신호등이다.
>
> ―「신호등에 대하여」 전문

　그는 인간 내면의 규율, 즉 양심이 실종되어 만신창이가 된 인간 군상에 대해서 비판한다. 그리고 살면서 가장 무서운 것은 바로 내면의 신호등이라고 노래한다. 차도의 신호등이 교통의 흐름을 원활하게 해주듯이 인간이 세상을 살아가는 데도 내면의 신호등인 양심이 존재한다면 인간사가 무리 없이 순조롭게 조화되리라는 것이다. 아마도 시인은 양심이 실종된 채 무리를 빚고 있는 우리 시대의 인간 군상들을 향해서 마음의 신호등을 켤 것을 촉구하는 것 같다. 마치 그리스의 철학자 디오게네스가 대낮에 등불을 들고 진실한 사람을 찾아다녔듯이 그는 자기 안의 신호등을 바로 켠 사람, 양심이 바로 선 사람을 찾고 있는 것이다.
　그는 「겨울組曲·XI―마디에 대하여」에서 조화롭고 질서 있는 삶, 자족의 삶에 대해서 노래하며, 그 모델을 악보의 '마디'에서 발견한다.

> 악보 속에는
> 슬기로운 삶이 있다.

크고 작은 마디,

그 속에서
엇비슷한 음표들이
저마다 제 목소리 한껏 내며
비좁다고 짓씹거나
마디 밖의 꿈 넘보지 않고
좌우 혹은 아래위로
질서정연하게 누워
얇은 겨울 달빛도 나누어 덮는다
그들이 부르는 雅歌는
또 얼마나 아름다운지
잘 산다는 것은
스스로 구원을 찾는 것이다.
이미 그어진
그 마디 속에서.

— 「겨울組曲·XI—마디에 대하여」 전문

　이 시는 음악적 상상력이 적절히 발휘된 작품이다. 시인은, 다양하고 조화로우며, 자기를 충분히 표현하면서도 불평하지 않고 자기의 분수에 만족하며, 질서정연하고, 나눌 줄 아는 아름다운 정신과 삶의 태도를 "이미 그어진" 악보의 마디 속에서 발견한다. 그리고 "잘 산다는 것은/ 스스로 구원을 찾는 것이다"라고 정의한다. 시인에게 잘 사는 삶이란 밖에서 찾는 조건이 아니라 자기에게 이미 주어진 조건 속에서 스스로 발견하고 찾아가는 것이다. 이것은 한 개인의 삶에서도 그러하겠지만 사회라는 공동체에서는 더 더욱이 필요한 정신이요, 태도이다. 악보의 마디와도 같은 다양성, 조화, 자족, 질서, 나눔의 정신과 태도가 유지될 때에 우리 사회는 더욱 아름답고 조화로워질 수 있을 것이다.

3. 생태파괴에 대한 안타까운 절규

더 큰 성장과 발전만이 최고의 가치라고 주장하던 우리 사회가 언제부턴가 '지속 가능한 발전'이라는 캐치프레이즈로 바꾸게 되었다. 동강댐 개발계획이 환경단체와 국민들의 저항에 부딪혀 철회되었는가 하면, 새만금 간척사업 백지화에는 주민과 환경단체는 물론이며, 종교인들까지 범종교적으로 가세한 투쟁에 나서게 되었다. 이들 종교인들이 외치는 '다른 생명체와의 평화로운 공존'(2000년 11월 14일 새만금 백지화를 위한 종교인 2천인 생명·평화 선언식의 선언문 중에서)과 같은 비인간(非人間) 자연세계의 생명에 대한 존엄성과 이들과 인간의 평화로운 공존의식은 유감스럽게도 지난 수십 년 간의 산업화 과정에서 우리가 잃어버렸던 소중한 의식이다. 이미 삼천리금수강산 곳곳에선 생태가 파괴되고 있지만 뒤늦게나마 발전만이 능사가 아니라는 사실을 깨닫게 된 것은 지극히 다행스러운 일이다.

우리는 뒤늦게나마 지구의 유한성이라는 조건을 받아들이면서 보다 나은 삶, 보다 행복한 삶은 물질적 욕망의 충족에서 오는 것이 아니라는 사실을 깨달아야 한다.

3. 우울한 내면 풍경과 음악적 상상력 －류선희

류시인의 이번 시집에는 바로 우리시대 최대의 지적 관심사이며, 우리들의 생명과 직결된 생태주의적 관심을 환기하는 시편들이 눈에 뜨인다.

> 피 흘리는 꿈도 꿈이라고
> 아직 날아드는가
> 다이옥신에 깔려
> 서서히 죽어가는 서해의 갯벌은
> 이미 너의 꿈이 아니다.
> 아가리 벌리고 있는 무덤 곁에서
> 지금도 누군가
> 울컥울컥 토하고 있는데
> 바다까지 흔드는 운명의 전주곡
> 어찌하여 듣지 못하는가
> 노을 조각
> 달빛 조각
> 대신
> 그리움 덮으리니
> 차라리
> 얼음꽃으로 피어
> 구름 속에 묻히거라
>
> －「꿈꾸는 좀도요를 위하여」 전문

이 시에서 서해의 갯벌은 수많은 생명체가 평화롭게 공존하는 생태계의 보고가 아니라 끊임없이 죽음의 이미지를 환기시키는 반생명적 공간일 뿐이다. 서해의 갯벌은 "피 흘리는", "다이옥신에 깔려/

서서히 죽어가는", "아가리 벌리고 있는 무덤", "바다까지 뒤흔드는 운명의 전주곡"과 같은 죽음의 이미지에 철저히 지배되어 있다. 서서히 죽어가는 갯벌은 그 자신만이 죽어가는 것이 아니라 갯벌을 서식지로 삼아 살아가고 있는 좀도요마저 죽이는 반생명적 죽음의 공간이다. 다이옥신에 오염된 갯벌에서 먹이를 찾고 있는 좀도요는 마침내 피를 토하고 죽을 수밖에 없다. 갯벌은 이제 꿈의 공간이 아니라 "아가리를 벌리고 있는 무덤"과도 같은, 생명을 삼키는 죽음의 공간으로 변모했다. 그런데도 좀도요는 갯벌이 죽음의 공간으로 변모한 줄도 모르고, 또한 "바다까지 흔드는 운명의 전주곡", 즉 죽음의 메시지를 알아채지 못하고 날아든다. 그래서 화자는 "피 흘리는 꿈도 꿈이라고/ 아직 날아드는가", "서서히 죽어가는 서해의 갯벌은/ 이미 너의 꿈이 아니다", 또한 "바다까지 뒤흔드는 운명의 전주곡/ 어찌하여 듣지 못하는가"라고 좀도요를 향해 안타깝게 절규하는 것이다. 그리고 갯벌에 날아들어 피를 토하고 죽기보다는 "차라리/ 얼음꽃으로 피어/ 구름 속에 묻히거라"라고 우리 시대의 반생명적 생태파괴를 안타까운 심정으로 고발한다.

이 시의 화자가 외치는 절규는 실로 갯벌에서 피를 토하고 죽어가는 좀도요를 향한 것만은 아닐 것이다. 죽음의 공간을 꿈의 공간으로 착각하며 살아가는 것은 좀도요가 아니라 성장의 신화와 발전만능의 사고방식에 사로잡힌 우리들의 자화상일 것이다. 그것이 죽음의 길인 줄도 모르고 갯벌에 날아드는 좀도요는 발전이라는 신화, 즉 "피 흘리는 꿈"에 사로잡혀 살아가고 있는 우리시대 우리 인간에 대한 처절한 상징인 것이다.

생태파괴는 특정공간인 갯벌에서만 일어나고 있는 것이 아니다.

지구촌 곳곳에서 광범위하고 무차별적으로 생태파괴가 자행되고 있다. 「잡초」에서는 그 어떤 식물보다 강인한 생명력을 가진 '잡초'마저 살인적인 제초제에 시달리고 있는 상황을 고발한다.

> 오늘도 진종일 제초제에 시달렸다
> 태풍을 포함한 그 어느 것도
> 견줄 수 없는
> 살인적인 제초제
> 팔다리마저 잘리어
> 이제는
> 더 낮게 엎드릴 수도
> 스스로 일어설 수도 없다.
> 우리에겐 수호신도 없는지
> 뒤틀어진 몰골이 흉칙스러워
> 빗방울조차 외면한다.
> 그대는 보았는가
> 찬란한 하늘은
> 절망 너머 있음을
> 이미 알고 있는
> 우리의 눈물을
> 　　　　　　　　　　－「잡초」 전문

　살인적인 제초제는 '태풍'에도 견줄 수 없는 파괴력을 가지고 있다. 그래서 잡초는 "팔다리마저 잘리어/ 이제는/ 더 낮게 엎드릴 수도 / 스스로 일어설 수도 없"는, 즉 스스로 생명력을 회복할 기력을 완전히 상실하고 있다. 뿐만 아니라 팔다리가 잘리어 나간 뒤틀어진 몰골은 흉칙스러워 빗방울마저 외면하는 절망적 상태이다. 그래서 화자는 "그대는 보았는가/ 찬란한 하늘은/ 절망 너머 있음을"이라고 역설적으로 노래한다. 우리시대의 치명적 환경오염과 생태파괴에 대한 절망적 인식이 "절망 너머"의 "찬란한 하늘"이란 역설을 만들어냈다.

4. 사회학적 상상력의 확장, 그리고 음악성과 조화된 개성적 시세계

류선희 시인의 이번 시집은 인간의 내면 탐구와 사회적 비평정신이 균형 있게 나타나 있다. 그리고 어떤 의미에서는 인간의 내면에 대한 탐구의식보다는 사회의 외면을 향한 비판정신이 더욱 돋보인다고도 볼 수 있다. 따라서 류시인은 앞으로 보다 확장된 사회학적 상상력으로 동시대적 사회의식을 보여주는 시를 써보는 것도 좋을 것이다. 한국의 여성시인들은 이 점에서 한발 물러나 있고, 이 점 때문에 남성평론가들로부터 항상 비난의 대상이 된다는 점도 유의해 볼만하다.

그리고 이번 시집에서 발현된 음악적 발상법과 상상력은 시인에게 개성적인 시세계를 구축할 수 있는 계기를 제공하고 있는 것 같다. 따라서 음악적 상상력이 충분히 발휘된 시를 지속적으로 써 나간다면 분명 자신만의 개성적 시세계를 구축할 수 있을 것이다.

그런데 음악적 상상력과 발상법이 시의 음악성과 조화를 이룬다면 더욱 바람직할 것이다. 시의 음악성을 구성하는 2대 요소는 리듬과 톤이다. 시의 운율에 있어서 특히 반복을 기조로 하는 리듬은 심리적 충족감과 정신적 감각적 안락감을 준다. 그리고 톤(tone)은 음의 배열에서 일어나는 의식적 무의식적 정서반응이며, 이것은 시의 의미내용을 크게 강화하는 효과를 나타낸다.(류선희,『눈 먼 새를 위한 푸가』, 세종출판사, 2000.12)

송명희 시평론집 | 시 읽기는 행복하다

4. 절제와 거리(距離)의 시학
― 류수인의 시집 『나 어디로 가나』

1. 피아니시모로 연주되는 사랑법

　류수인 시인이 『다정한 이별』, 『세상에서 가장 먼 길』에 이어 세 번째 시집 『나 어디로 가나』를 상재했다.
　『나 어디로 가나』는 첫 번째와 두 번째 시집보다 한결 세련되고 절제된 언어로 사랑, 인생, 고향과 같은 정서를 시화하고 있다. 그의 시는 결코 사회성을 띠거나 첨단적 언어로 쓰여지지 않았다. 세상이 아무리 바뀌어도 바뀌지 않고, 바뀔 수 없는 인간 보편의 정서를 조용히 읊조리는 데서 그의 시적 특징을 찾을 수 있다.
　그의 시는 한 시대를 앞서 가면서 시대의 특징을 주도하는 시가 아니라 시대적 유행의 저편에서 유행의 소란스러움이 지나가길 바라며 천천히 길을 걷고 있는 자의 여유로운 모습을 보여준다. 그의 시는 내용면에서는 사랑과 같은 인간의 지극히 보편적인 정서를 다루며, 시적 기법면에서도 현대시가 보여주고 있는 첨단성을 전혀 나타내지 않는다.

 그는 사랑을 즐겨 시적 소재로 다루지만 그가 노래하는 사랑은 청년기의 격정적 정서를 바탕으로 한 정열적인 세계가 아니다. 그 사랑은 아주 조용하면서도 느리고, 또한 여린 감성으로 천천히 연주되는 음악과도 같다. 음악적 용어로 빌어서 표현하면 안단테 칸타빌레(andante cantabile), 또는 피아니시모(pianissimo)와 같은 사랑이다.

　　말없이 바라봐도
　　마음 흐르는 소리

　　들릴까봐 한 발
　　물러서 보고

　　안 들릴까봐 한 발
　　다가서 보고.

　　　　　　　　　　　　　　　　　　－「조바심」 전문

 한 발 물러서 보았다가 한 발 다가서 보며 조용히 조바심치는 사랑, 이 마음의 절묘한 흔들림은 그 어떤 정열적인 수사로 표현된 사랑보다 더 사랑의 긴장감과 불안한 마음을 적절히 드러낸다. 말없이 바라보며 마음 흐르는 소리로 사랑을 느끼려고 한다고 해서 그것이 사랑이 아닌 것은 아니다. 그 속에는 상대방을 바라보는 시각, 마음 흐르는 소리를 들으려는 청각, 그리고 한 발 물러섰다 다가서 보는 근육감각에다 마음이라는 제 6의 감각까지 총동원된 공감각적 욕망이 내밀하게 작용하고 있다. 실로 사랑이란 시각이나 청각과 같은 하나의 감각으로는 실현할 수 없는 온 몸의 감각이 총동원되고 마음까지 뒤흔들어 놓는, 즉 육체와 정신이 결합된 총체적 감각 경험이 아니겠는가? 그런데 「조바심」은 정신과 육체가 총동원된 격정적인 사랑을 지극히 짧은 시형과 절제된 언어로 이미지화함으로써 시적 형상화에 성공한다.

> 그냥 아무 말 없이 다가와 잘못된 옷깃 매만져 주거나
> 흩어진 머리카락 당신 손가락으로 빗질하여 주거나
> 음산한 날 당신의 외투를 벗어 내 어깨를 걸쳐주거나
> 당신의 눈빛이 내 동공을 스칠 때마다 무량하게 미소지어
> 줄 때
> 나는
> 당신이
> 사랑한다라고 속삭여 줄 때보다 더 행복하다.
> 　　　　　－「사랑한다라는 말보다 더 행복 느끼게 하는 것」 전문

　이 시에서도 사랑은 말로써 표현되는 것이 아니라 사랑하는 사람의 사소한 행동을 통해서 표현되고 느끼는 것이다. 그런데 이 시의 화자는 사랑에 대해서 지극히 수동적인 태도를 나타내고 있으며, 그런 점에서 여성적이다. 이 시의 화자가 나타내고 있는 정신적 수동성, 그것은 흔히 전통적이고 한국적인 여성의 미학이라고 말할 수 있다. 이처럼 정신적 수동성과 소극성은 「무제」라는 시에서도 극명하게 드러난다.

당신이 짐을 꾸려 가지고 전날 그런 것처럼
계단을 투투툭 내려갔을 때
나는 당신께서 전날 그런 것처럼
그 계단을 뚜벅뚜벅 다시 올라오리라 믿었었지요
그렇지만 당신의 발걸음 소리는
다시는 내 귀에
들리지 않았습니다.

— 「무제」 전문

이 시는 청각적인 이미지에 의해서 '당신'이 화자를 떠난 정황을 암시한다. 계단을 "투투툭" 내려갔다는 표현, 그 계단을 "뚜벅뚜벅" 다시 올라오리라는 믿음, 그런데 다시는 그 발걸음 소리가 "들리지 않았습니다"라고 한, 감정이 전혀 묻어나지 않는 절제된 짧은 표현에서 오히려 사랑하는 사람이 떠나버린 화자의 슬픔과 텅 빈 마음의 공허가 강한 호소력으로 독자의 가슴을 파고든다.

그가 이처럼 사랑을 결코 강하지 않게, 여리디 여리게 표현하는 이유는 「사랑의 논리」라는 시에서 찾을 수 있다. 즉 "사랑이라는 것은/ 그다지 깊지 않았을 때 행복하더라"라고 했듯 사랑이 욕심을 낳고, 그 욕심은 행복이 아니라 질투와 시기의 고통에 인간을 빠뜨리는 것임을 통찰했기 때문이다. 그래서 "그다지 깊지 않은 사랑"은 참으로 깊지 않은 사랑, 가벼운 사랑을 말하는 것이 아니라 사랑이라는 욕망을 극도로 절제한 사랑이다.

따라서 그는 어떤 의미에서 사랑에 탐닉하는, 사랑을 욕망하는 사람이 아니라 사랑에 일정한 거리를 갖고 사랑을 관조하길 원하는 사람이다. 그리고 그 관조의 힘은 다분히 연령에서 오는 것일 수 있다.

즉 「황혼 사랑」에서 "당신을 바라보는 내 눈빛이나/ 나를 바라보는 당신의 눈빛이나// 그저/ 미지근할 뿐/ 달구어지지 않으니"라고 표현했듯이 황혼의 연령은 어쩔 수 없이 사랑에도 뜨거운 격정 대신에 절제와 관조의 거리를 가지게 한다. 그러니 그의 사랑을 소재로 한 시에서 나타내는 정신적 수동성은 이미 사랑의 집착을 벗어나고, 사랑의 모순적 속성을 통찰한 황혼의 연령에 다다른 자가 가지게 되는 수동성이다. 그래서 그 사랑은 결코 강하게, 능동적으로 표현되지 않는다. 그것은 여리게, 즉 피아니시모로 연주되는 사랑법이다.

2. 세태에 대한 비판과 부드러운 어조

「어부의 준칙」에서 화자는 어부들을 향해서 "그물을 던져도 좋은 때인가/ 바다에 씨를 남겨 두었는가"라는 것을 나지막한 어조로 질문한다. 「어부의 준칙」에서 시인이 나타내고 있는 태도는 생태주의적이다. '인간'만을, '나'만을 생각하자는 이기적인 태도가 아니라 인간과 물고기, 즉 인간과 자연이 서로 상생(相生)해야 한다는 생태주의적 가치를 이 시는 나지막한 톤으로 교시한다.

    그물을 던지기 전에 꼭 생각해 봐야 하네
    그물을 던져도 좋은 때인가
    바다에 씨를 남겨 두었는가
                                   - 「어부의 준칙」에서

화자는 어부들을 향해서 복전의 이익에 사로잡혀 아무 때나 무차별적으로 그물을 던져 물고기의 씨를 말리지 말라고 경고한다. 때를 선택할 줄 아는 '지혜'와 씨를 남겨 놓고 물고기를 잡아야 한다는 '욕심에 대한 절제'는 반드시 어부에게만 적용되는 것은 아닐 것이다. 인생을 살아감에 있어 이런 지혜와 여유 그리고 생태주의적 가치는 모든 면에서 필요하다. 특히 오늘날처럼 생태환경이 파괴되어 가며, 그것이 단순한 환경오염이나 자연파괴에서 그치지 않고, 인간과 지구 전체의 생태를 파괴하여 죽음으로 몰아넣는 상황에서 더욱 필요한 태도일 것이다.

>부디
>조심조심 내려가세
>내려가는 길은 물밑처럼 하얗게 드러나 있는 길이지만
>자칫 넘어질 수도 있다네
>하얗게 드러나 있는 수심이
>더 깊다는 사실을 알아야 하네
>
>— 「하산」에서

「하산」에서 시인은 "어쩜 삶은 등정과도 같은가"라고 삶과 등정이 서로 닮아 있음에 놀라워한다. 등산길의 어려움과 조심스러움, 절정에서의 한순간의 기쁨, 그리고 하산길에서 방심하기 쉬운 태도 모두가 삶의 길과 닮아 있음을 발견한다. 특히 화자는 하산길에서 방심하지 말 것을 당부하는데, 그것은 자칫 사람들이 산에 오를 때는 조심하면서도 목적지에 이르러 절정의 기쁨을 맛보고 난 뒤에는 긴장이 풀어져 방심하게 되고, 그것이 사고로 이어지기 쉽기 때문이다. "부디 조심조심 내려가세"에서 보듯 화자의 조심스런 톤은 인생에서 자칫 교만해지기 쉬운 순간에도 겸손해야 한다는 메시지를 설득하기에 적절하다.

　류수인의 시는 부드럽고 따뜻하다. 세태에 대한 비판을 동반한 경우에도 칼날 같은 날카로움 대신에 부드럽고 따뜻한 어조로 나지막히 비판함으로써 시인의 삶에 대한 거리와 긍정적 태도를 느끼게 해준다.

　그는 「행복과 불행」에서도 "행복과 불행은/ 가장 친한 친구라네"라고 행복과 불행이 먼 거리에 존재하는 것이 아니라 서로 짝을 이루며 공존하는 것임을 통찰하면서 행복한 순간의 교만, 불행한 순간의 절망 모두를 경계한다. 우리의 인생살이가 행복과 불행이 짝을 이루며 공존하고, 이 양극을 왔다 갔다 하며 변화하는 것이라는 통찰은 마치 주역에서 만물의 변화를 음과 양의 상대성으로 설명한 이치와 닮아 있다.

　마찬가지로 그는 「죽음」에서 "죽음이 멀리 있다고 생각하지 마십시오/ 죽음은 바로 당신 한발 앞에 있습니다"라고 행복과 불행이 짝을 이루듯이 생과 죽음도 멀리 떨어져 존재하는 것이 아니라 짝을 이루며, 공존하는 것임을 직시한다. 실로 죽음은 멀리 있는 것이 아니라 언제 어떻게 닥쳐올지 알 수 없는 것이다. 또한, 죽음은 어떤 개인의 절박한 사정도 결코 헤아려주지 않는 냉엄한 것임을 깨우치기도 한다.

　　바람이 불면
　　기세 지닌 장군의 적병들처럼
　　풀잎들은 슬슬슬 엎드린다

엎드린 채 저마다 엎드린 것의
수치스러움 은폐하려는
궁극적인 생각에 몰입한다
바람이 지나기 무섭게 남 먼저 일어서리라는…
다들 엎드려 있는 마당에
설마 내가 엎드려 있는 것을 알겠느냐는,

바람이 불면
엄청난 바람이 아니더라도
풀잎들은
슬슬슬 엎드린다.

－「바람과 풀잎－세태」 전문

「바람과 풀잎－세태」는 '바람'과 '풀잎'의 관계를 통해서 권력을 가진 자, 지배자, 힘 있는 강자에 대해 권력이 없는 자, 피지배자, 힘 없는 약자가 보여주는 비굴한 세태를 꼬집고 있다.

1960년대에 시인 김수영의 「풀」이 보여준 상상력과는 매우 상반된 풀(풀잎)의 상상력이다. 2000년대에 류수인 시인의 시에서 풀잎은 "바람보다 늦게 누워도/ 바람보다 먼저 일어나고/ 바람보다 늦게 울어도/ 바람보다 먼저 웃는다"라고 김수영이 「풀」에서 노래했던 피지배 민중의 저력을 암시하는 것이 아니다. 오히려 엄청난 바람이 아니더라도 알아서 "슬슬슬" 엎드리는 풀잎이며, 그러면서도 엎드린 사실을 수치스럽게 여기며 이를 은폐하려는 자의식과 바람이 지나가기 무섭게 남보다 먼저 일어서려는 교활함까지 가진 풀잎이다. 어떤 면에서 류수인 시인의 '풀잎'은 풀잎으로 상징된 피지배계층의 비굴함, 이중성, 교활함에 대한 리얼리티를 한결 높여주고 있다.

그렇지만 이 시의 전체적 톤은 풀잎의 비굴함, 이중성, 교활함에 대해서 비난과 비판의 정조를 나타내기보다는 연민의 정을 환기한다. 그런 처세술과 지혜마저 갖지 않았다면, 힘 있는 자들이 제멋대로 권력을 휘두르는 세태 속에서 힘없는 자들이 어떻게 살아남을 수 있겠는가? 따라서 풀잎의 비굴함은 힘없는 자로서 세상을 살아가고, 세상에서 살아남으려는 지혜인 것이다. 그런 의미에서 김수영의 「풀」과 류수인의 「바람과 풀잎」은 피지배계층의 끈질긴 생명력과 생존의 이기를 시화했다는 공통점도 가지고 있다.

류수인 시인의 세 번째 시집 발간을 진심으로 축하한다. 그리고 이번 시집이 보여주고 있는 절제된 시어와 짧은 시형을 특징으로, 앞으로 보다 심화된 시세계와 더 큰 감동을 줄 수 있는 시를 써줄 것을 기대한다.(『문학도시』 23호, 부산문인협회, 2000.12)

송명희 시평론집 | 시 읽기는 행복하다

5. 시와 음악의 치료효과와
새로운 시적 실험
―김옥균의 『아침기도』

1.

　김옥균 시인이 『스탠바이큐』(1991), 『홀로 마시는 술잔』(1993)에 이어 10년 만에 세 번째 시집 『아침기도』를 상재한다. 그는 시 창작 뿐만 아니라 시낭송에도 깊은 관심을 가지고 있다. 그는 음악전문 프로듀서로서 「다솜시사랑클럽」 등 여러 시낭송회의 음악연출에도 벌써 오래 전부터 자원봉사하고 있다. 그는 한때 부산지역 청소년들의 우상이었다. 부산 MBC FM의 <별이 빛나는 밤에>라는 청소년 애청 프로그램의 명 프로듀서로서 그는 수많은 청소년의 사랑을 한껏 받았었다. 뿐만 아니라 <별이 빛나는 밤에>를 연출할 당시에 부산의 시인들과 함께 청소년 창작시 발표회 등 시운동에도 깊게 관여한 바 있다. 그리고 그가 FM의 가정음악실이란 프로그램을 담당할 때에는 필자가 진행하는 「송명희의 문학산책」이란 코너를 만들어 문학을 방송이라는 대중매체를 통해 확산시키기 위해 많은 노력을 기울여왔다.

　그는 1990년에 문덕수 시인의 추천으로 『시문학』지를 통해서 등단한 이래 청소년 취향의 감성적이고 편안한 시들을 창작해 왔다. 그런데 이번에 발간하는 시집의 시들은 기존의 그의 시적 경향을 완전히 벗어나지는 않았지만 일부의 시들에서 새로운 경향이 엿보이는 변화를 나타내고 있다. 그 변화는 기법과 내용 양면에서 이루어지고 있다. 그리고 그 변화는 그가 시인으로서 더욱 세련되어가며, 그의 시 세계가 한층 넓어지고, 시적 인식이 더욱 깊어져 간다는 단서로서 읽혀지기에 반갑지 않을 수 없다.

　그는 시집의 서문에서 스스로 자신의 시세계를 "도시인의 외로움, 고독, 만남과 헤어짐의 심연들과 세태묘사를 통한 풍자와 함께 소외계층에게 보내는 애정과 음악의 소중함" 등으로 요약하고 있다. 이 가운데서 '세태풍자와 소외계층에 대한 애정' 등은 그의 시 세계의 새로운 변화로 받아들여진다.

　「서문」에서 그는 시와 음악의 치료효과를 언급하기도 한다. 그는 달라이 라마를 인용하며 내면의 행복에 대해서 말하는데, 시와 음악이 인간 내면의 행복을 위한 치료효과가 있다는 의미이다.

　'시'와 '음악', 이것은 그의 인생을 이해하는 두 개의 키워드이다. 하지만 그는 음악 전공자이자 음악전문 프로듀서를 오랫동안 역임했던 만큼 시보다는 음악에 더욱 깊게 경도되어 있는 것이 사실이다. 벌써 세 번째 시집을 발간하고, 『한 때 우리는 모두가 별이었다』(1995)라는 수필집도 발간한 만큼 그에게 문학이 결코 여기일 수 없다는 것은 불문가지의 사실이다. 속된 말로 "늦게 배운 도둑질에 밤새는 줄 모른다"는 말처럼 그의 시를 읽어보면 삶의 갈피갈피마다

시상이 순간순간 영롱하게 샘솟고 있음을 확인할 수 있다.
 그는 「음악에의 헌정-아폴론에게」에서 음악의 치료효과에 대해서 다음과 같이 말한다.

 당신은 우리 모두가 들을 수 있는 희망의 음성입니다. 당신은 세상을 하나로 만듭니다. 세상은 당신을 찬양할 것입니다. 우린 언제나 당신 곁에 있습니다. 우린 당신이 있는 곳까지 도달하지는 못합니다만 감히 그곳을 향해 치솟고 싶습니다. 우리의 모든 에너지와 힘과 감성을 다 바친다면 당신에 대한 믿음이 실현되고 이 세상은 아름다운 빛이 비추리라고 믿습니다.

─「음악에의 헌정-아폴론에게」전문

음악의 신인 아폴론은 '희망의 음성'이며, '세상을 하나로 만드'는 통합의 힘을 가진 존재이다. 즉 음악은 인간에게 희망을 주며, 세상을 하나로 통합시키는 치료효과가 있다는 것이다.
 「VIVA 비발디」에서는 비발디의 음악에 대한 보다 구체적인 치료효과를 언급하기도 한다.

 봄 여름 가을 겨울
 신부님이 빚어내는 음악의 실타래는
 무지개빛 四季의 드레스로 짜여져
 쳄발로의 여운속에 마음의 상처를 감싸준다
 우리가 살아 숨쉬는 경이로운 순간임을 느낀다

 만돌린 협주곡의 평화로운 트레몰로는
 우울증을 없애주는 음악치료사

궁지에 몰렸을 때 신부님을 초대하자
디스코 음악보다도 더 신바람이 나서
용기와 희망으로 넘치는 삶으로 바뀔 것이다

─ 「VIVA 비발디」 3·4 연

　이 시는 이탈리아의 작곡가이자 바이올린 연주자이기도 했던 비발디, 또한 수도사가 된 후 사제로까지 서품되었던 비발디에 대한 송시라고 할 수 있다. 동시에 비발디의 음악이 주는 치료효과에 대해 노래한 시이다. 즉 2연에서 「플루트 협주곡」의 치료효과에 대해서, 3연에서는 「사계」의 치료효과에 대해서, 4연에서는 「만돌린협주곡」의 치료효과에 대해서 말하고 있다. 인용한 부분에서 보듯 「사계」는 마음의 상처를 감싸 우리가 살아 숨 쉬는 경이로운 존재임을 느끼게 해주는 치료효과가 있다. 「만돌린협주곡」은 우울증을 치료하여 용기와 희망으로 넘치는 삶으로 치료하는 효과가 있다는 것이다. 이처럼 이번 시집에는 그가 음악 전문가로서 음악에 대한 풍부한 전문적 식견이 없다면 결코 나올 수 없는 주옥같은 시들이 다수 실려 있다.
　음악의 치료효과, 즉 음악요법에 대하여 깊은 관심을 가졌던 크리스토프 루에거는 『마음의 병을 다스리는 음악의 지혜』에서 "음악은 의식적인 노력을 통해 무의식의 저변에까지 도달할 수 있는 지름길이다. 우리 영혼의 건강을 위해 최상의 음악보다 좋은 것은 없을 것이다." 또는 "음악은 특히 우리의 내적 삶을 정화시켜주고, 우리의 영적 에너지를 강화시켜 주며, 우리의 감성을 심화시킨다"라고 했다. 굳이 크리스토프 루에거의 말을 인용하지 않더라도 우리는 체험적으로 음악이 인간의 마음을 위무시키는 효과와 영성을 고양시키는 효과에 대해서 잘 알고 있지 않은가.

시인 김옥균, 그는 시까지도 바로 그런 치료효과가 있는 시를 쓰고 싶은 것이며, 그래서 편안한 감성 위주의 시들을 주로 창작해 왔다고 할 수 있다.

2.

모두 5부로 나누어진 이번 시집의 내용에서 제1부 「일탈」과 제5부 「시인의 마을」에는 그의 시적 새로움을 확인할 수 있는 시들이 수록되어 있다. 「동광동 비둘기」에서는 일본인 관광객을 상대하는 동광동의 호스티스에 대해서, 「양로원 블루스」에서는 양로원의 소외된 노인의 삶에 대해 깊은 연민을 나타낸다.

  호텔 룸에는 대낮에도 일본인들의 팔에 휘감긴
  욕망의 엘리베이터가 오르내리고 있다
  미소와 미모를 엔화로 바꾸는 청춘들
  코리아의 딸들이 시들어 가고 있다
  갓 스물을 넘긴 꽃다운 청춘
  연인과 데이트를 하고 여행도 가고
  시집을 읽고 눈물 흘리며 밑줄도 그어
  사랑편지에 쓰고도 싶은 시절에
  꽃다운 젊음을 저당 잡힌 채
  엔화가 무슨 위대한 국력이라고
  몸이 부서져도 일본인 품에 안겨야 하는
  죽기보다 사는 것이 어려운 세상

외로움과 허망함이 속절없어 낯설은 거리
동광동 골목길을 걸으면 우리도 이방인인데
용두산 공원에서 잘못 날아온 비둘기 한 마리가
그녀들처럼 길을 잃고 헤매고 있다

ー「동광동 비둘기」 2·3연

「동광동 비둘기」는 마치 김광섭의 「성북동 비둘기」를 연상시킨다. 「성북동 비둘기」의 제목과 소재에 대한 패러디라고 할 수 있다. 성북동 비둘기가 성북동이 개발되면서 쫓겨나는 성북동 원주민에 대한 상징이라면 동광동 비둘기는 "갓 스물을 넘긴 꽃다운 청춘"을 일본인 관광객에게 "미소와 미모를 엔화로 바꾸는 청춘들"에 대한 상징이다. 부산 동광동은 일본 관광객이 주로 찾는 술집과 호텔의 밀집지역이다. 비둘기가 있어야 할 용두산 공원에서 잘못 날아와 동광동을 방황하는 것처럼, 일본인 관광객을 상대하는 호스티스를 그들이 가야할 청춘의 길을 잃고 방황하는 존재로 파악한 것이다. 김광섭의 「성북동 비둘기」가 더 이상 평화의 새가 아니듯이 김옥균의 「동광동 비둘기」의 비둘기도 더 이상 평화의 새가 아니다. 즉 길을 잃고 방황하는 새이며, 시적 화자의 연민의 감정을 유발시키는 일탈한 새이다. 시 「동광동 비둘기」에서의 '비둘기'는 더 이상 관습적인 비둘기가 아니라 새로운 개인적 상징이 추가된 비둘기로 다시 창조되었다. 뛰어난 시란 기존의 관습적 상징을 그대로 사용하는 데서 얻어지는 평가가 아니라 새로운 상징을 창조하는 데서 얻어질 수 있는 평가이다. 시인은 새로운 상징을 창조하기 위해 늘 새로운 상상력을 갈고 닦아야 한다.

5. 시와 음악의 치료효과와 새로운 시적 실험 -김옥균

노인 : 이번 주엔 너희 집에 놀러 갈 수 있다고 했지?
        같이 가자꾸나
아들 : 그랬으면 좋겠는데
        이번 주는 시간이 맞지 않는군요
며느리 : 아버님, 저도 오늘 모임이 있어요
노인 : 이해한다
아들 : 아마 다음 주에도 시간이 안 맞을 거예요
손자 : 아빠, 나 시합에 늦겠어요
노인 : (손주 녀석까지도……)
아들 : 힘닝히 세세요
노인 : (오랫동안?)

오고 가는 사람들의 눈에 띄지 않길 바라는 듯
인적 드문 숲 속의 어느 양로원 뜨락에
매달 셋째 토요일마다
승용차를 몰고 온 아들을 만나며
짐 꾸러미를 차까지 들고 가고
다시 컴컴한 양로원으로 돌아와서는
큰 한숨을 내쉬며 짐을 푸는
어느 노인을 본다
우리들 미래의 얼굴을 본다

                     - 「양로원 블루스」 전문

   일종의 대화시라고 할 수 있는 새로운 형식을 실험하고 있는 이 시에는 노령화사회의 문제점이 드러나고 있다. 양로원에 수용된 노인의 소외된 삶에 대한 시적 화자의 연민이 나타나며, 노인세대이 자식세대와의 사랑과 유대의 단절이 드러난다. 시적 화자는 자식이 떠나버린 양로원의 쓸쓸한 노인의 얼굴에서 '우리들 미래의 얼굴'을 발견함으로써 노인문제에 대한 문제의식을 환기한다. 즉 노인들은 여가를 아들 가족과 함께 보내고 싶고 그들과 사랑을 나누고 싶지만 그 욕망은 양로원이라는 수용시설과 자식들의 이기심과 무관심에 의해서 좌절된다. 노년세대의 인간관계의 소외와 고독을 짧은 대화시를 통해서 보여주는 「양로원 블루스」는 특히 괄호로 처리된 대화 부분에서 할 말도 삼킨 채 자식들의 눈치를 보아야 하는 노인의 심리적 좌절감과 고독이 극명하게 형상화된다.

「꼬라지1」에서는 "노래 한 곡 히트로/ 스타가 된 후/ 십대가수라는 허울 아래/ 사랑타령 이별타령/ 라이브 실력은 간데없고 입만 벙긋벙긋 자선단체 초청받아 명예를 앞세우곤/ 돌아서면 돈을 헤아리는 저 꼬라지"인 스타병에 오염된 출세한 가수에 대한 고발을 시도한다. 「꼬라지2」는 히포크라테스 정신은 온데간데없이 치부에만 눈이 어두운 수전노 돌팔이 의사에 대한 세태풍자와 고발을 시도하고 있다.

풍자와 고발은 「CF 패러디」와 같은 시에서 가장 극에 달한다. 그는 우리나라의 정치판이 조폭들의 세계에 다름없고, 바로 코미디라고 야유한다.

겁 없이 혼자 와?

조폭 정권도 모르나?

조폭 정권?

출동해!

멱살파!(금뱃지 달고)
쌍칼파!(용문신 하고)
게이트 비리파!(사과상자 들고)
언론 로비파!(도청기 숨기고)

코미디언이니? 정치인이니?

둘 다야!

- 「CF 패러디」 전문

「GO! 인생」에서도 독특한 형식이 실험되고 있다. 한글의 '연결어미 ~고'가 들어가야 할 자리에 영어 동사인 'GO'를 대체시킴으로써 독특한 효과를 자아낸다. 즉 '가다'란 의미의 'GO'를 위치시킴으로써 방송PD의 "스톱 없는, 죽어도 GO! 인생"을 적절히 표현하는 뛰어난 시적 감각을 구사하고 있다.

비가 내리GO 바람이 불GO
눈이 내리GO 꽃이 피는 것도 초월하GO
피나게 일하GO
D질지도 모르는 PD인생은
스톱 없는, 죽어도 GO! 인생
그러나 불의를 보GO 도저히 못 참GO
자유와 민주방송을 위해 먼저 생각하GO
그래도 들어주는 애청자가 있GO

그래도 공감하는 시청자가 있GO
그래도 등을 두드려주는 동료들이 있기에
감겨오는 두 눈을 부릅뜨GO
냉수 한 그릇 마시GO
오늘도 방송 현장으로 GO! GO!

— 「GO! 인생」 마지막 연

　이 시에 의하면 참으로 PD는 고단한 직업이다. 정말 쉼 없이 'GO'를 해야만 생존할 수 있는 직업이다. 그리고 이 시의 화자는 시인 자신의 프로듀서 시절이 그대로 반영된 자전적 화자이다. 실로 김옥균 시인은 예술가적 기질이 뛰어난 방송인이다. 만날 때마다 느끼는 것이지만 그의 계산 없는 순수한 인간성에 감동하게 되고, 음악에 대한 천부적인 감각과 장인기질은 그 누구도 따라갈 수 없을 만큼 독보적이다. 그런 그가 방송국의 PD라는 직업인으로서 적응하는 데는 그 누구보다도 많은 어려움이 있었을 것이고, 남다른 노력을 기울였을 것으로 생각된다. 그 과정의 애환과 함께 투철한 직업의식을 보여주는 시가 「GO! 인생」이다. 그는 「마이너리그」라는 시에서는 "짧은 인생 음악으로 재밌게 살자는데 도와주질 않네/ 살다보면 비도 맞을 수 있지만 내 인생은 장마가 졌네"라는 두 행의 짤막한 시로써 자신의 삶의 부적응과 애환을 표현하기도 한다. 그래서 그는 자신의 인생을 '메이저'로 표현하지 못하고, '마이너리그'로 인식한다. '비'가 아니라 아예 '장마가 졌네'로 표현할 수밖에 없는 삶의 고단함이 엿보이는 시이다.

3.

「빨간 앵무새에 대한 기억」은 산문시라는 새로운 형태의 실험을 성공적으로 보여준 시라고 할 수 있다.

> 365일 맛있고 좋은 먹이와 새장 속의 안락함을 버리고 왜 떠나갔을까. 아마도 나의 앵무새는 꿈의 깃털을 남기고 자신의 태양을 향해 날아갔을 것이다. 사람들이 안락함을 버리고 둥지를 떠나는 일은 그리 많지 않다. 도시에는 한번쯤 둥지를 떠나 은신할 수 있는 어수룩한 숲이 없다. 숲이 있어도 인간은 그 숲의 평화로움을 지겨워하며 배신할 것이다. 한동안 나는 나무숲과 주택의 담장 사이 작은 나무만을 바라보며 나의 새들이 있는지 두리번거렸다. 그들의 노래소리를 그리워하였다. 다른 새들의 노래를 부러워하였다. 내가 음악을 들을 때마다 목청을 놓아 노래하던 나의 빨강 앵무새와 함께 했던 그 향수를 나는 사랑한다. 그리고 속으로 운다. 왜냐하면 내가 죽어서 다시 태어난다 하여도 저 자유로운 새들처럼 태어나지 못하고 고통과 실수와 번뇌로 가득 찬 고독한 땅 위의 인간으로 다시 태어나지 않을까 하는 두려움이 앞서는 까닭이다. 내가 더없이 사랑했던 빨강앵무새여 잘 가라 드높이 솟구치고 마음껏 자유를 향유하여라.
> ─「빨간 앵무새에 대한 기억」에서

이 시에서 '빨강 앵무새'는 단순히 기르다가 날아가 버린(또는 날아보낸) 애완동물의 의미를 넘어선다. 화자는 앵무새가 새장 속의 안락함을 버리고 "자신의 태양을 향해" 날아갔을 것으로 추측한다. 안락함 대신에 자신이 원하는 삶을 찾아, 자유를 찾아 떠나간 새는 안락함 속에 안주하는 인간에게 많은 것을 교시한다. 화자는 은연중에 "도시에는 한번쯤 둥지를 떠나 은신할 수 있는 어수룩한 숲이 없다. 숲이 있어도 인간은 그 숲의 평화로움을 지겨워하며 배신할 것이다."라고 진술한다. 일상의 안락한 둥지를 떠나 자신의 원하는 자유를 찾아 날아가고 싶은 욕망을 표현한 것이다. 도시란 바로 일상성이며, 그 일상성은 화자에게 부자유로 느껴진다. 그래서 때로 새장이란 안락한 일상성을 벗어나 숲 속에 은신하는 자유를 구가하고 싶다. 따라서 빨간 앵무새는 "고통과 실수와 번뇌로 가득 찬 고독한 땅위의 인간"이라는 고통스럽고 억압된 자아와는 대비되는 자유로운 자아로 의미가 확장되고 있다. 앵무새에 대한 향수와 그리움은 결국 자유로운 자아에 대한 간절한 욕망을 표현한 것으로 읽혀진다.

이상으로 이번 시집의 새로운 경향들을 중심으로 김옥균 시인의 시세계를 간단히 조명해 보았다. 김옥균 시인의 세 번째 시집 발간을 진심으로 축하하며, 앞으로 더욱 큰 문운이 있기를 기원한다.(김옥균, 『아침기도』, 바움, 2003.6)

송명희 시평론집 | 시 읽기는 행복하다

6. 중년여성의 시심
— 손순이 · 박옥수

1. 국화를 닮고 싶은 중년여성의 시심 —손순이

시인 손순이는 자서(自序)에서 국화처럼 고결한 성품을 닮고 싶다고 고백하고 있다. 그가 닮고 싶은 국화는 어떤 꽃으로 형상화되고 있을까?

　　고려청자 살결 같은
　　맑은 하늘 아래서
　　노오란 미소를 머금고 있다
　　단아한 모습에 끌려
　　두 손을 맞잡고 다가서니
　　신새벽 샘물 향기가 난다
　　군자처럼 고결한
　　그대 성품을 흠모하여
　　꽃잎 띄운 치 힌진을 담담히 마신다

국화가 질 때 쯤
서늘한 갈바람에 가슬가슬 말려,
베갯 속에 넣어두고
그윽한 향기
오래토록 음미하리라

― 「황국」 전문

이 시에서 노란 국화는 화자가 닮고 싶은 인격으로 형상화되고 있다. 즉 국화는 "단아한 모습"과 "신새벽 샘물향기"와 같은 맑음을 주는 꽃인가 하면, "군자처럼 고결한 성품"과 "차 한잔을 담담히 마시는 여유"로움을 안겨주는 꽃이다. 그러면서도 오래토록 "베갯 속 향기"로 넣어두고 음미하고 싶은 꽃으로 그려졌다. 황국은 시인 손순이가 지향하는 인격과 정신미를 표상하는 가장 고양화된 가치를 상징하고 있다.

손순이의 시는 꽃뿐만 아니라 '분재'나 '담장이'와 같은 식물적 이미지를 핵심적 심상으로 제시하는 특징을 갖는다. 「분재 옆에서」에는 모과나무 분재를 통하여 인고와 침묵과 절제의 숭고하고 충만한 아름다움을 함축적이고 절제된 언어로 노래하고 있다. 한마디로 그는 분재를 통하여 "끊임없이 피어나는/ 욕망의 가지를 짜른 뒤의/ 충만함"을 본다. 겉으론 손 시린 얼굴로 서 있으며, 향그러운 열매를 탐스럽게 맺고 서 있는 침묵의 모과 분재를 통하여 그 안에 내포된 욕망, 인고의 세월, 타는 목마름, 뜨거운 정열과 간절한 기도까지를 모두 읽어내고 있다. 어쩌면 모과의 침묵과 절제의 충만함이란 시인 손순이가 오랜 인고의 세월을 통하여 안으로 안으로 새겨온 욕망과 정열을 절제함으로써 꽃피우고 싶은 아름다운 인격의 모습일 것이다.

6. 중년여성의 시심 —손순이·박옥수

그는 인생이 결코 화려한 꽃, 그 자체라고 생각지 않는다.

연두빛 보드라운 맨손으로
거칠은 암벽을 탄다

비 내려 촉촉해진
대지의 안락함을 뒤로한 채
무릎이 터지고 절벽에 가슴 조이면서
끝없는 꿈을 향해 오른다

심술궂은 태풍이 휘몰아쳐도
숨어 있던 강인한 흡인력
생명을 내걸고 끊임없이 전진한다.

매서운 추위에 언손을 든다
앙상하게 야윈 몰골
그대로 주저앉는가

기적처럼 되살아나는 푸른 꿈
무성한 잎으로 치장을 하고

발바닥에 피멍울 맺히도록
한 걸음 또 한 걸음 오르는
시련의 연속

— 「담쟁이」 전문

그는 인생을 "비 내려 촉촉해진 대지의 안락함"으로 이해하기보다는 "무릎이 터지고 절벽에 가슴 조이면서" 올라가는 거친 도정으로 이해한다. 그러면서도 끝없는 꿈을 추구하는 시련의 과정, 그것이 인생의 진면목인 것으로 이해하고 있다. 이 시가 평평한 대지를 편안히 뻗어가는 식물이 아니라 굳이 담쟁이를 통하여 인생을 비유한 것은 담쟁이의 위로 뻗어가는 상승지향의 속성과 관련될 것이다. 거친 암벽을 힘겹게 타고 올라가는 담쟁이의 속성은 끝없이 상승지향의 욕망으로 살아가는 인간의 모습을 닮았다. 전진하고 좌절하고 다시 용기를 얻어 한 걸음 한 걸음 시련을 극복하는 인간의 불굴의 의지를 「담쟁이」는 적절히 형상화하고 있다.

손순이 시의 가장 중요한 시적 화두는 바로 불교이다. 「해인사에서」와 「어떤 화두」에서 보이는 불교에 대한 깊은 관심은 그의 인생관이 구경으로 추구하는 목표가 불교적 깨달음에 있음을 보여준다.

  당나라 유학가던 원효스님
  날이 저물어 동굴 속에 들어가서 잠을 잤다
  밤중에 목이 말라 깨어보니
  바가지에 들어있는 물이 보였다
  이 세상 어떤 물보다 시원한 감로수였다
  친구들과 어울려 진탕마신 취객
  날이 저물어 하숙집에 들어가서 잠을 잤다
  밤중에 배가 고파 부엌에 가니
  냄비에 들어있는 비빔밥이 보였다
  이 세상 어떤 밥보다 맛있는 진수성찬이었다
  뒷날 아침,

원효스님은 해골바가지에 들어있는 물인 줄 알았고
취객은 음식 찌꺼기로 만든 개밥인 줄 알았다

간밤에 그렇게 맛있던 물과 밥이,
끝없이 의문나게 하는 화두가 될 줄은……

- 「어떤 화두」 전문

「어떤 화두」는 원효의 고사를 통해서 '일체유심조'(一切唯心造)란 불교적 화두에 대해서 진술하고 있다. 마음먹기 따라 "그렇게 맛있던 물과 밥"이 "해골바가지의 물"과 "개밥"이 되는 인생의 아이러니를 이 시는 보여준다. 감로수가 되었다가 썩은 해골바가지의 물이 되고, 진수성찬이 되었다가 개밥이 되기도 하는 인생의 역설을 깨닫는 것이 삶의 화두이다. 마음이 빚어내는 오묘한 조화, 그 속에 삶의 온갖 희비애락의 비법이 다 숨어 있는 것이다.

「해인사에서」는 눈 오는 해인사의 아름다운 풍경 속에서 "팔만대장경"의 그 수많은 말씀이 "눈부신 법어"로 가슴에 직감적으로 다가오는 신비체험을 노래하고 있다. 나풀나풀 내리는 눈 풍경 속에 "산은 산대로/ 물은 물대로 말이 없는/ 눈부신 법어(法語)여"라고 노래하고 있듯이 열반하신 고승들의 높은 혜안으로 적어놓은 팔만대장경의 그 수많은 말씀도 깨우치고 나면 죄다 헛소리라고 진술한다. 불교, 특히 선의 깨달음은 말씀의 논리를 따라가는 경지가 아니라 자연과 자아의 우주적 합일에 의한 자아완성의 신비로운 체험이라는 것을 화자는 일깨워주고 있다. 어느 눈 오는 날의 해인사는 시적 화자에게 자연과 자아가 우주적으로 통합된 미적 체험을 하게 만든다. 논리를 뛰어넘은 순간적 엑스타시를 통해서 시적 자아는 불교적 진리의 진수를 직감적으로 깨닫고 있다.

  그러나 그 순간적 깨달음은 돈오점수(頓悟漸修)의 계속된 정진과 수행에 의해서라야만 순간적 신비체험을 넘어선 진정한 각(覺)의 세계를 구현할 수 있다. 「나무」는 바로 그러한 지속적 수행을 통한 자아완성의 과정을 보여준다.

    하늘을 우러러 조금씩 크며
    평생을 기도하는 자세로 살아간다

    미풍이 불어오면 잔가지 노래하고
    센바람이 밀어 닥치면
    둥지째 격렬하게 춤을 춘다

    따가운 햇살과 매서운 눈보라
    이별의 아픔도 속으로 삼키고
    묵묵히 한 평생 서서 정진하는
    그대, 말없는 나무여

    티끌만한 죄도 모르는 그대
    부디 이 생에 성불하소서

                                -「나무」 전문

  나무는 천상적 원리를 동경하여 기도하며 정진하는 시적 자아의 모습과 동일시되고 있다. 미풍과 센바람의 수없는 흔들림과 따가운 햇살과 매서운 눈보라의 시련, 그리고 이별의 아픔을 모두 극복하는 계속된 정진을 통해서라야 나무는 성불, 즉 자아의 완성을 이룰 수 있다. 「해인사에서」가 '돈오(頓悟)'의 경지를 노래했다면 「나무」는 '점수(漸修)'의 상호보완적 경지를 노래하고 있으며, 돈오와 점수의 기둥에 의해서라야 진정한 깨달음은 완성된다.

2. 삶의 아픈 결에 대한 사랑 －박옥수

이번 시집의 표제시 「능소화는 별이 되고 싶다」에서 '능소화'는 아름다운 생명현상으로서의 유미적 대상이기보다는 아픈 삶이 빚어내는 눈물 같은 결정체일 것이다. 화자는 능소화를 별이 되고 싶은, 또한 별꽃 같은 꽃으로 인식하는데, 화자가 생각하는 별이란 어떤 대상일까?

별이 되고픈 꽃은 찌는 여름에 핀다
폭염 속에 도도한 자태는 높이 있어
더욱 황홀하다.
높이 있어 아름다운 꽃은 밤에 피는 별꽃이다
먼저 별이 된 이들의 추억은 그리움의 발자국
목이 길어 들풀 같았던 이의 별빛은 창백하다
긴 가난에 절대 굴할 수 없었던 이의 별빛은
희고 희어서 눈이 부시다
숨죽인 이별 삭이던 이의 별빛은
푸르디 푸른 칭솔색이나
꽃은 유난히도 애절한 이야기가 있는
칠월에 피어 잠들지 못한다.

화려한 고뇌를 지닌 저녁놀 같은 꽃의 소망이
주렁주렁 넝쿨에 별이 되어 매달린다
무리져 손짓하는 별무리 속으로
천천히 천천히 묻혀 들어간다

-「능소화는 별이 되고 싶다」 전문

"먼저 별이 된 이들의 추억"을 되새기는, 그러니까 별은 바로 화자의 그리움을 변주해내는 추억의 대상이다. 마치 시인 윤동주가 「별 헤는 밤」에서 "별 하나에 추억과/ 별 하나에 사랑과/ 별 하나에 쓸쓸함과/ 별 하나에 동경과/ 별 하나에 시와/ 별 하나에 어머니, 어머니,// 어머님 나는 별 하나에 아름다운 말 한 마디씩 불러봅니다"라고 노래했듯이 박옥수는 "목이 길어 들풀 같았던 이", "긴 가난에 절대 굴할 수 없었던 이", "숨죽인 이별 삭이던 이"들의 "유난히도 애절한 이야기"를 별을 통해 추억한다. 따라서 별빛은 창백하고, 희고 희어서 눈이 부시며, 푸르디푸른 청솔색을 띠고 있다. 그리고 별을 닮은 꽃 능소화는 도도하고 황홀한 자태에도 불구하고 "화려한 고뇌를 지닌" 꽃으로 화자의 가슴에 각인되는 것이다. 즉 시인은 능소화를 높은 곳에 도도하게 피어있는 그저 화려한 꽃으로 인식하는 것이 아니라 그 가슴 속에 애절한 이들의 이야기를 담고 있는 별과 같은 추억의 꽃으로 인식하며, 능소화를 사랑하듯이 애절하고 아픈 삶을 사랑하고 깊은 관심을 기울이는 시적 세계를 보여준다.

꽃은 더욱 진한 눈물과 이별로 온다
여러 해 동안을
그와 나는 서로의 꽃이 되어

피다가 지고 또 다시 피어나길
주저하지 않았다
가까이 다가갈 수도
향기조차 맡을 수 없는
비탈진 언덕에
개나리이기도 하고 산찔레이기도 했다
몇 번의 꽃이 피고 지고 난 뒤
그도 나도 꽃의 의미를 상실했을 때
꽃은 또 다른 서로의 꽃으로 피고 있었다

- 「꽃」 전문

「꽃」에서도 꽃은 "눈물과 이별"을 표상하는 대상으로 형상화되며, 진정한 인간관계의 어려움을 진술하고 있다. 따라서 그 꽃은 화단에 화려하게 피어있는, 쉽게 손에 닿을 수 있는 꽃이 아니다. "가까이 다가갈 수도/ 향기조차 맡을 수 없는/ 비탈진 언덕"의 개나리이거나 산찔레와 같은 범접할 수 없는 높은 곳에 고고하게 피어있는 외로운 꽃이다. 꽃이 피고 지는 순환을 반복하듯 수많은 눈물과 이별의 우여곡절을 통해서라야 진정한 서로의 꽃으로 완성되는 인간관계의 어려움과 가치를 이 시는 노래하고 있다. 꽃으로서의 의미를 상실했을 때에 비로소 서로의 꽃으로 완성되는 인간관계의 역설에 대한 통찰력을 보여주는 시이다.

「한네 이야기」는 종군위안부로 죽은 한이 많은 여인에게 바치는 노래이다.

절대 죽을 수 없는 한네의 영혼이
마음의 강을 가르는 피리소리에

행렬을 잇는다.
대웅전 뒤꼍에 숨죽이던 바다 안개가
한내의 몸뚱이를 감싼다.
뒹굴고 털고 일어나고 다시 뒹굴어 보아도
치맛자락에 붙은 도깨비 풀씨는 떨어지지 않는다.
홀랑 벗어버린 치욕이 혓바닥을 날름대도
절대 죽을 수는 없었다.

산을 넘고 강을 건너 논밭을 가로 질러
눈동자 속에 감춰둔 탱자나무 울타리, 빗장 지르지 않은
싸리나무 만장같이 날리던 장대끝 하얀 속옷
눈이 시린 하늘에 눈물처럼 떠다니던 조개구름
살그머니 여닫는 솥뚜껑 소리

— 「한네 이야기」에서

이 시는 종군위안부로 끌려가 죽은 여인에게 바치는 씻김굿과 같은 시이다. 죽어도 절대 죽을 수 없는 한네, 홀랑 벗어버린 치욕이 혓바닥을 날름대도 절대 죽을 수 없는 한네의 영혼은 "산을 넘고 강을 건너 논밭을 가로 질러" 고향의 탱자나무 울타리로 날아온다. 한네는 고향에 대한 사무치는 그리움으로 결코 죽어도 절대 죽을 수 없는 한 서린 영혼이다. 고향집의 솥뚜껑 여닫는 소리도 듣고, 고향집 아궁이의 솔갈비 타는 내음도 콧구멍이 시커멓도록 맡지 않으면 절대 죽을 수 없는 슬픈 영혼, 이역만리 타향 땅에서 성적 노예로 수탈을 당하다가 처절히 죽은 여인들의 원한을 시인은 풀어주고 싶다. 시의 마지막 행의 "도솔천 계곡에 피는 하얀꽃, 하얀나비"를 통해서 그녀들이 극락왕생을 이루었음을 시인은 암시하고 있다.

정중하게 회전문을 열어주는
도아맨에게 한 장의 지폐를 건넨다
필리핀 여가수의 풍만한
율동이 미끄러지는 스테이지.
쫘르르 쏟아지는 샨데리아
일.십.백.천.만.십만……백만
'루이 16세' 한 병에 한 학기 등록금이다.
놀란 표정을 짓지 않아야 상류층이다.
국적 모르는 팝송이 끝날 때마다
우아한 박수를 보내야 한다
본전을 뽑아야 하는데 에어콘 냉기가
류마치스 관절염 속으로 기어든다.
식곤증은 어김없이 찾아든다.

출구면 회전문을 밀어주는
도아맨은 없었다.

— 「마담뚜를 위하여」 전문

　이 시는 화려한 외양과 극심하게 대비되는 고단한 삶의 마담뚜에 대한 애정과 연민을 보여주는 시이다. 도아맨에게 지폐를 건네고, 화려한 밤무대의 공연을 감상하고, 술 한 병에 한 학기 등록금을 지불해야 하고, 국적 모르는 팝송에 우아한 박수를 보내야 하는 화려한 외양, 하지만 "에어콘 냉기가 류마치스 관절염" 속으로 기어들고 식곤증까지 찾아드는 현실, 그럼에도 출구의 회전문을 밀어주는 도아맨이 없는, 즉 출구가 없이 닫힌 상황이 화려한 외양 속에 감추어진 마담뚜의 추운 현실인 것이다. 시인은 바로 그러한 소외된 삶의 결에 세심한 시선과 애정을 가지고 시적 관심을 기울인다.

> 날은 내리 가뭄과 가뭄으로 이어지던 해
> 소낙비의 발작증세에 애기새가 통유리에 부딪쳐 죽자
> 설심이는 오랜만에 깊은 꿈길 속으로 빠져들었다.
> 칸나꽃이 타는 저녁놀처럼 흐드러진 장독대 사이에서
> 갓난쟁이 딸아이가 장항아리 위에서 콩닥거리고 있었다.
>
> 설심이는 비몽사몽간에 시장통으로 뛰쳐나왔다.
>
> ―「삶, 그 깊은 곳에·2」에서

「삶, 그 깊은 곳에·2」는 시집에서 청상으로 소박맞은 꽃장사 '설심이'의 고단한 삶을 아프게 껴안고 있다. 화자는 설심이에게 짐 지워진 삶을 "족쇄는 특수키로도 열 수 없는" 상태로 표현한다. 시집에서도 소박맞고, 갓난쟁이 딸아이 대신에 친정의 팔십 노모와 어린 조카를 돌보아야 하는 삶의 아픔을 "인두로 지지는 통증"으로 표현한다. 꿈길 속에 빠져든 "설심이는 오랜만에 깊은 꿈길 속으로 빠져들었다./ 칸나꽃이 타는 저녁놀처럼 흐드러진 장독대 사이에서 갓난쟁이 딸아이가 장항아리 위에서 콩닥거리고 있었다"에서 보듯 그녀의 가장 큰 고통은 갓난쟁이 딸아이를 키울 수 없는 고통이다. 시집에 빼앗겼는지 아니면 딸아이가 죽었는지 이 시는 명확히 제시하지 않고 있지만 모성마저 억압당하는 것이 소박맞은 설움보다도 설심이에게 가장 큰 고통임을 보여주고 있다.

「삶, 그 깊은 곳에·1」은 "기능공 감원벼락에 등창이 짓무른" 사내의 고단한 삶을 노래한다. 그에게는 대장장이 아버지로부터 물려

받은 식칼 한 자루가 유산으로 남아있을 뿐이다. 그는 그 칼로 새벽 어시장에서 생선장사를 하는 아내를 돕다가 생선통을 자전거에 싣고 행상으로 나섰다. 유산으로 물려받은 칼을 시퍼렇게 가는 사내의 가슴속에 들려오는 "칼을 갈 때 만나는 바다새의 황홀한 날개짓"이라는 시구를 통해 대장장이 아버지를 닮아가는 장인기질의 사내의 진면목이 드러나고, 삶의 고통 가운데서도 삶 자체를 포기하지 않는 하층민들의 삶에 대한 치열한 자세를 주목하는 시인의 가치의식도 엿볼 수 있다.

박옥수의 시적 관심은 현실에 있고, 소외된 사람들의 삶에 대한 깊은 연민과 사랑이 핵심적인 시적 주제를 이루고 있다. (손순이·박옥수, 『능소화는 별이 되고 싶다』, 1998.12)

송명희 시평론집 | 시 읽기는 행복하다

7. 세계화 시대의 시인
– 김철

　김철 시인의 시집 『아침(The Morning)』은 저자 스스로 밝혔듯이 저자가 직접 영역한 최초의 한영대역 시집이다. 저자 스스로가 영역한 시집이라는 데서 세계화를 지향하는 이 시점에서 그 의의가 더욱 크다고 하지 않을 수 없다.

　김철 시인은 1960년대 후반 『현대문학』과 『대한일보』 신춘문예를 통해서 등단한 시인으로서 1992년에야 처음으로 시집 『말의 우주』를 발간할 만큼 과작의 시인으로 알려져 있다. 김철 시인의 이력서는 매우 독특하다. 서울대학교 전기공학과를 나온 공학도로서 그 동안도 일견 문학과는 무관한 직장생활을 해왔다. 그러면서도 30여 년간을 문학에 대한 관심을 잃지 않고 그 누구보다도 치열하게 창작열을 불태워 왔다.

　특히 김철 시인의 영어실력은 1973년에 「한국번역문학상」을 수상할 정도로 그 탁월함을 인정받고 있다. 지금도 한국 명시 100인선 영역 작업에 몰두하고 있으며, 이 작업이 마무리되는 대로 한국단편소설의 영역에도 손을 댈 것이라고 한다. 잘 아시다시피 우리 한국

문학이 세계시장에 진출하는 데에 가장 큰 장애요인은 바로 번역의 문제이며, 자질을 갖춘 번역 전문인력의 절대적 부족은 한국문학의 세계화 과정에서 반드시 극복해야 할 과제일 것이다. 세계화 시대에 만국공통어로 통용되는 영어를 자유자재로 구사할 수 있는 김철 같은 시인이 부산에 있다는 것은 우리 부산의 큰 자랑이 아닐 수 없다.

김철 시인은 「번역」이란 시에서 번역 작업을 이렇게 노래하고 있다.

> 사전을 모시고
> 번역을 한다
>
> 번역은 하나의 고통이지만
> 그 고통은
> 개척자 또는 모험가의 그것과
> 흡사하다
>
> 한 편의 작품을
> 번역한다는 것은
> 그 작품을
> 나의 식민지로 만드는 일이다
>
> 하지만
> 그들을 정복하는 과정에서
>
> 원주민에 대한
> 완전한 이해로써

그들을 모독하지 않고
  실존하게 하기 위해서는

  사전을 극진히 사랑하고
  또 사랑해야 한다

  공부하듯이

  ― 「번역」, 전문

 바로 이 「번역」이라는 시에는 김철 시인의 번역에 대한 철학이 담겨져 있다. 김철 시인은 번역작업을 개척자나 모험가의 새로운 대륙에 대한 탐험에 비유한다. 또한, 한편의 작품을 식민지로 만드는 일이라고 말한다. 그러나 식민지화 과정에서 원주민을 완전히 이해하고 그들을 모독하지 않음으로써 보다 성공적인 식민지화가 이루어지듯이 번역은 원작을 완전히 이해하고 모독하지 않고 실존하게 만들어야 한다는 것이다.
 김철 시인의 시집을 읽어나가면 누구나 강하게 느낄 수 있는 것은 한국의 대표적 모더니스트 시인 김수영의 체취를 느낄 수 있다는 것이다. 왜 이럴까 하는 의아심은 시집을 읽어나가면서 자연스럽게 풀린다. 시 「부활」은 김수영의 영전에 바친 시임이 밝혀지고, 「사랑」이라는 시에서는

  사뮤엘 베케트가 노벨싱을 받는다는
  숨막히는 소식을 내가 들었을 때
  덧없이 간 김수영의 혼이 생각나고

어린 나와 어른 된 그와의
그렇게 문학적이던 사랑이 생각났다.
제임스조이스가 사뮤엘 베케트를
좋아서 거리를 두고 사랑했듯이
나를 사랑하고 두둔했던
키가 큰 김수영의 길고 긴 눈썹―
눈썹 끝에 보일 듯 말 듯 매달려 있던
어쩔 수 없는 생활의 고뇌가
어리석게 방문하는 나의 두 눈에
틈틈이 뛰어와 빛으로 박힐 때
스스로 기절하던 나의 근성이
지금도 나를 가끔 다스리고 있다.

― 「사랑」에서

라고 노래함으로써 김수영과 김철의 문학적 정신적 사숙의 관계가 밝혀진다.

우리 문학사에서 시인 김수영에 대한 대표적 평가는 첫째, 초기의 모더니스트 시인으로서의 면모이며, 둘째, 4·19이후 강렬한 역사의식과 사회의식으로 현실에 참여해온 참여시인이란 평가일 것이다. 김철 시인은 김수영의 두 측면을 모두 이어받고 있다기보다는 모더니스트로서의 김수영을 더욱 존경하고 사숙하지 않았나 생각된다. 즉 김철 시인은 모더니즘 계열의 시인으로 사적 평가를 받을 것이다.

이합 핫산에 의하면 모더니즘은 도시주의 지향, 공업기술주의 지향, 기술세계가 보여주는 비인간화 지향, 원시주의 지향, 에로티시즘 지향, 반도덕성, 실험주의 지향의 일곱 가지 특징을 갖는다고 했다.

그런데 김철 시인의 모더니스트로서의 특징은 절제된 감정과 지성적 세계인식에 있다고 하겠다.

필자는 1981년에 대한민국예술원에서 펴낸 『한국문학사전』의 김철 시인에 대한 항목을 집필한 바 있다. 그 사전의 김철 항목에는 "지성적 세계인식을 통하여 현대사회 속에서 상실되어가는 인간성, 사랑, 신념을 갈등에 찬 언어로 노래하고, 회의하고 있는 자아를 자연에의 관조를 통하여 극복하려 한다"라고 적혀 있다. 오늘까지 김철 시인은 이러한 시세계에 큰 변화 없이 일관성을 견지하고 있는 것으로 보아진다.

그러면 그의 「빈 집」이란 작품을 감상해 보자.

    가끔 기회가 있으면
    빈 집 앞에 서서 主人을 불러 보라
    대답은 없지만
    없는 대답을 타고
    떠내려 오는 막막(寞寞)한 고요 속에
    천천히 부풀어 오르는
    침묵 같은 것을
    영원한 不在의 그림자 같은 것을
    한 번쯤 目睹할 수 있으리니

                                    - 「빈 집」 전문

이 시야말로 이번 시집의 50편 가운데서 가장 큰 울림을 주는 시가 아닌가 한다. 빈 집 앞에 서서 없는 주인을 불러보면 없는 대답 속에 울려오는 막막한 고요, 천천히 부풀어 오르는 침묵, 영원한 부재의 그림자를 목도할 수 있다고 시인은 진술한다. 빈 집의 텅 빈 고요와 자아와 세계를 감싸고 있는 침묵의 커다란 공간 속에서 시적 화자는 영원한 부재의 그림자, 즉 큰 허무를 만나게 된다. 빈 집의 고요란 소재를 통해서 정말 마음속에 큰 반향을 불러일으키는 참으로 아름다운 시이다.

이번 시집에서 가장 인상적이며 가장 오래도록 기억에 남는 시는 「강명자」라는 시일 것이다. 강명자는 시인의 아내라고 각주에 붙어 있다.

> 그녀는 나의 고향
> 나는 날마다 귀향하고 싶다
> She is my hometown
> I wish to return to my hometown everyday

아내를 사랑하는 모든 남성들의 보편적 정서와 태도가 이 짧은 시 한 편 속에 다 함축되었다고 생각된다.

다시 한 번 시집 발간을 축하한다. (<김철 출판기념회>, 부산일보사 대강당, 1998.12.10)

송명희 시평론집 | 시 읽기는 행복하다

8. 영원히 사랑을 꿈꾸는 낭만주의자

― 최향숙

　시는 단순한 허구적 창작물이 아니라 한 사람의 전체라고 할 수 있다. 시인들은 시를 통해 자신의 느낌과 생각과 생활을 기록해 나간다. 그 시들에서 우리는 여러 가지를 느낄 수 있다. 삶의 태도라든가, 시인의 열정, 감상(感傷) 등이 녹아 있는 하나의 개성적 세계를 맛볼 수 있다. 또한, 시를 읽다 보면, 우리는 그 시인만의 독특한 색깔을 느낄 수 있다. 세상의 수많은 색깔 중에서 최향숙 시인의 색깔은 녹색이라고 할 수 있다. 봄에 새롭게 돋아나는 생명의 빛깔인 녹색이 듬뿍 묻어나오는 그녀의 시에서는 그녀만의 '생동감'이 강하게 풍겨나온다.

　　바람이 불었다
　　눈비가 내렸다
　　그래도 황홀했던 지난날들

앓던 시간대에도
너는 내게 눈부신 신록으로
- 오고 있었다.

아른대는 초록빛 아지랑이
대지가 꿈틀대며 기지개켜는
"하- 연분홍 속삭임"

"까르르 깔깔깔 까르르"
봉긋봉긋 꽃망울
파릇파릇 새싹들

신비의 날개
삶의 희열로
부푸는 생동의 계절!

- 「봄날」 전문

바람이 불고 눈비가 내리는 삶의 역경조차 황홀했던 지난날로 회상하고, "앓던 시간대에도/ 너는 내게 눈부신 신록으로/ -오고 있었다."라고 노래하는 이 시는 계절상의 '봄날'에 관한 시가 아니다. 그것은 인생 자체를 늘 봄날처럼 파릇파릇한 신록의 빛깔로, 즉 희열과 충만이 넘치며 생동감 있게 살아가고자 하는 시인의 삶의 자세를 보여준다.

인생을 항상 녹색의 충만감과 생동감으로 살아가기 위해 필수적인 조건은 사랑일 것이다.

8. 영원히 사랑을 꿈꾸는 낭만주의자 — 최향숙

　최향숙 시인의 이번 시집은 사랑을 빼놓고는 이야기할 수 없다. 시인은 이 세상이 사랑으로 충만하다고 믿고 있는 듯하다. 시집의 제목에서 '나의 동반자는 사랑이야!'라고 근대초기의 연애지상주의 여성문인들처럼 과감하게 선언하였듯이, 시집에선 여러 종류의 사랑이 노래된다. 물론 가장 보편적인 사랑의 형태인 남녀 간의 에로스적 사랑이 시집의 이곳저곳에 나와 있다. 「내 남자는 아직도 날, 새싹인 줄 안다」나 「사랑의 적신호를 건너뛰며」에서는 내 남자(남편)와 나의 사랑을 보여줌은 물론이고, 「사모의 정」이나 「인연」처럼 이루어지지 않았던 과거의 애틋한 사랑을 노래하기도 한다. 하지만 시인의 사랑은 에로스에 한정되지 않고 다양하다. 「영자!」에서는 친구에 대한 사랑을, 「한 방울 눈물」에서는 어머니에 대한 사랑을, 「추억」과 「시어머니」에서는 시어머니에 대한 사랑을, 「새 한 마리」에서는 시아버지에 대한 사랑을 노래한다. 새나 바다에 대한 사랑, 산을 오르며 본 풍경에 대한 사랑, 계절에 대한 사랑 등 자연과 사물들에 대해서도 시인은 따스한 사랑의 눈길을 보내고 있다. 이 다양한 대상들에 대한 사랑은 각자 독립적이면서도, 결국은 대상과의 친밀감, 관계의 순수성, 너와 나의 벽이 허물어지는 일체감이라는 하나의 목표점을 지향하고 있다.

　무릇 사랑이란 엄청난 기대와 영원히 변하지 않을 것이라는 환상 속에서 시작하지만 결국 모든 사랑은 실망을 안겨주고, 변하고 만다. 이것이 유감스럽게도 사랑의 모순된 속성이다. 그럼에도 아직껏 사랑의 모순에 절망하지 않고, 끝까지 사랑을 신뢰하며, 영원히 사랑을 꿈꾸는 낭만을 간직할 수 있다는 것은 최향숙, 그만의 특권일 것이다. 어쩌면 그것은 그녀의 사랑의 능력이 그만큼 탁월하다는 것을 의미한다. 어머니에 대한 사랑과 추억은 그렇다 치고, 시어머니와 시아버지에게서도 시인은 넘치는 사랑을 받았던 듯하다. 세상에 일방적인 사랑은 없다. 시부모님으로부터 그와 같은 사랑을 받았다는 것은 바로 그녀가 그들을 그만큼 사랑했다는 의미이다.

경로당서 노시던 내 시아버님
불현듯이 날 부르신다
"애야! 얼른 나와 이 새 좀 보아라!"
– 이렇게 아름다운 새 보았니?
닭 크기만 한 새 한 마리를 내게 안겨 주신다

경황없이 받아 안다 놓쳐 버렸다
"아버님! 어떻게 해요?"
안절부절 했던 추억의 새 한 마리
아버님은 어디서 그 새를 안아 왔을까
주택가에 날아든 새 이름은 꿩이었을까

황홀한 그 순간! 새와의 눈 맞춤이
오랫동안 내 기억서 사라지지 않는다
얼마나 내게 보여주고 싶었으면
그렇게 황급히 불러 대었을까.
"참 귀한 새란다"

인연 따라 귀하고 소중하게 간직되며
서서히 사라져 간 것이 어찌 그뿐이었으랴
새야! 새야!

날아가는 새야!
애틋한 사랑 또한, 하늘 향해 날려본다

- 「새 한 마리」 전문

「새 한 마리」에서는 날아가는 새 한 마리가 살아생전의 시아버지와의 추억을 환기시킨다. 아름다운 새 한 마리에 얽힌 추억에서 보통의 시아버지와 며느리 사이에서는 오고갈 수 없는 그들만의 소중한 사랑의 교감이 느껴진다. 가족관계의 격식을 벗어난 두 사람의 관계에서 오히려 인간적 친밀함과 관계의 순수성이 강하게 다가온다. 그래서 지금은 세상을 훌쩍 떠나신 시아버지의 사랑을 애틋해하고 그리워할 수 있는 것이다. 예전에 잠시 새를 안았다 놓쳤듯이 시아버지의 귀하고 소중한 사랑이 영원한 추억 속으로 사라져갔음을 며느리인 화자는 안타깝게 인식한다.

구름이었어
안개였어
마구 쏟아지는 소나기였어

파도였어
바람이었어
몰아붙이는 모래였어

달떠서
헤매도는
불나방의 혼령이었어

이제 그 어여쁜 시간 끝에 서서
속살 매끄러운 해변자락에
빈 가슴 풀어 휘날리며

황홀하였다고
삶의 발자국 따라
빛으로 오간 건 모두가 사랑이었다고

— 「나의 동반자는 사랑이야!」 전문

 삶의 발자국을 따라서 사랑은 구름으로, 안개로, 소나기로, 파도로, 바람으로, 몰아붙이는 모래로, 불나방의 혼령 등 다양한 모습으로 다가왔지만 그 모든 사랑의 추억들을 화자는 모두 다 "황홀하였다"라고 결론짓는다. 즉 사랑은 때로는 '구름'처럼 닿을 수 없는 것으로, '안개'처럼 알 수 없는 것으로 인식된다. 때로는 사랑은 '소나기'처럼, '파도'처럼, '바람'처럼, '모래'처럼 걷잡을 수 없고 억제할 수 없는 격정으로 불타오르고, '불나방'처럼 자기 파괴적 열정에 사로잡히게도 만들었다. 하지만 그것은 모두 빛으로 오간 삶의 황홀한 동반자였다. 삶의 발자국을 따라 모든 것을 사랑하는 일, 이것이 한 시대를 그녀가 살아가는 방법이며, 쉼 없이 시를 쓰는 원동력이 아닐까 한다.
 최향숙 시인의 시에서 가장 돋보이는 매력 가운데 하나는 모든 것을 숨기지 않고 드러내는 솔직성일 것이다. 한없이 차오르는 행복의 감정도, 차디찬 세상에 대한 비판의 감정도 그녀는 시에서 숨김없이 노출하는 대담한 솔직성을 발휘한다.

그에게 선물한 찻잔 하나!
오늘 내 갑자기 추억의 잔에 눈이 마주쳤다
- 단체 여행이었을 때다.
쇼핑을 하려 그릇점에 들렸다
어여쁜 컵 한 개를 샀다
그리고 똑 같은 컵 한 개를 더 사
그 한 개를 느닷없이 일행 중 한 명에게 건네주었다
- 왤까?
조금은 즉흥적인 나의 성격 탓도 있겠지만
그냥 건네고 싶었다
그런데 그 세월 이만치 지나고서야
그에 대한 나의 설레임이 눈물처럼 그립다

― 「찻잔 하나」 전문

 연인들끼리 커플링을 만들어 끼듯이 커플 찻잔을 사서 나눠 갖고 오랜 세월이 지난 뒤에야 솔직하게 그 시간이 그립다고 고백할 수 있는 것도 아무나 할 수 있는 일은 아니다. 그것은 자연인 최향숙의 개성이요, 강점 중의 하나라고 여겨지는데, 그 개성과 강점이 이번 시집에서 시적 매력을 발산한다. 「인연」, 「인생은 달리는 여정」, 「그리움 ―장현기 선생님께」, 「내 남자는 아직도 날, 새싹인 줄 안다」 등에서 보이는 과감한 자기노출은 그녀의 시적 매력 중의 하나가 되고 있다. 시적 언어의 매력은 함축과 절제라고 말하는 것이 보편적 시론이지만 그녀의 시를 읽다보면 그런 이론은 그냥 교과서 속의 죽은 활자처럼 느껴진다. 살아 있는 시는 항상 기존 이론을 뛰어넘는 새로움을 추구해야 하고, 그 새로움을 통해서 시인은 자신만의 매력적인 시적 세계를 구축해야 한다. 최향숙 시인의 시적 매력은 절제하지 않은, 꾸미지 않은 그런 솔직함과 과감한 자기노출에서 나온다. 이런 솔직함은 시인의 긍정적 삶의 태도와 더불어서 시인 자신에 대한 강한 자신감 내지 자존감의 표현으로 받아들여진다.

최향숙 시인의 또 다른 특징은 「구두닦쇼 아줌마」 같은 시처럼 일상성을 바탕으로 하고, 부산의 실제지명을 사용하며, 시가 어렵지 않다는 것이다. 그녀의 시는 깊은 함축이나 난해한 비유를 하지 않는다. 이러한 시적 특징은 그녀의 시를 읽는 사람에게 친근감을 불러일으킨다. 즉 말하려는 메시지가 분명하고, 실제 우리의 현실과도 시가 맞닿아 있기 때문에, 시를 이해하기 쉽고, 또 읽은 후 우리의 현실과 쉽게 연결고리를 지을 수 있다. 부산을 살아가는 우리의 주위에서 보고 느끼는 것들 속에서 우리는 그녀를 만날 수 있다. 달맞이 고개에서, 광안대교에서, 그리고 동네 아줌마 곁에서 부산을 품고 있는 그녀를 만날 수 있는 것이다.

그리고 현대시에서 느낌표는 금기시하는 표현 중의 하나지만 최향숙 시인은 느낌표를 능숙하게 다루면서, 자칫 밋밋해질 수도 있는 시에 생동감을 불어넣어 생명력을 부여한다. 그녀의 시에서 느낌표가 불러일으키는 것은 단순한 감탄이 아니다. 느낌표는 감정을 억제하지 않음으로써 독자에게 시인의 감정을 그대로 전이시키는 역할을 한다. 즉 감정의 억압이 아니라 발산과 확대를 통하여 독자와의 정서적 공감대를 쉽게 형성한다.

언제 날아드는지 모르게
파리 한 마리

맴을 돌며
천정에 앉았다
식탁 위로 와 날름댄다

그뿐이랴 내 얼굴도
기웃대며
심심찮게 약을 올린다

쫓아가 때려주면
그것도 못 피할까 봐!
'용용'

하루 온종일 집안을 싸다니며
— 나 여기 있다.
'용용'

얄미워라!
조 새까맣게 못난
파리 한 마리

너도 손님이냐?
앙칼지게 꼬나보니
그때서야 꽁무니 쭉 빼고서

창가로 폴락 날아오르며
주인장님
"방충망 좀 열어주셔요"

- 바르르
손바닥을 싹싹 부비며
안녕!

"또 놀러 올게!"
정말 밉상이다
- 파르르

- 「불청객」 전문

「불청객」에서 시인은 동화적 상상력을 배경으로 약 올리는 파리와 화자의 감정을 느낌표를 사용함으로써 잘 표현하고 있다. 마치 독자의 눈앞에 파리 한 마리가 날아다니고 있는 듯한 생동감을 불러일으킨다. 오랫동안 동시인으로도 활동해온 최향숙 시인의 경력이 파리를 의인화하여 대화를 나누는 대화체의 사용과 시적 소재의 선택, 그리고 시의 어조 등에서 군데군데 묻어난다.

그녀의 시에서는 슬프고 불행한 감정인 우울을 찾기 힘들다. 실제 최향숙 시인을 만났을 때도 그렇게 느끼지만 시에서도 세상에 대한 절망, 좌절, 비관, 염세, 허무 같은 감정은 찾아볼 수가 없다. 스트레스가 많은 현대인들에게 우울은 떼려야 뗄 수 없는 관계일 것이다. 그래서 현대시에는 우울과 좌절의 경험이 많이 표출된다. 하지만 그녀의 시는 다르다. 그녀의 시는 현재의 어려움에 좌절하지 않고, 슬퍼하지도 않는다. 모든 어려움을 이겨내고, 삶에 대해 긍정하는 자

세를 보이는 것이다. 허우적대는 인파 속에서도 부풀어 오르는 삶의
의미를 생각하기도 한다.

> 지금은 울 때가 아니다
> 해를 보아라
> 달을 보아라
> 변함없는 저 모습
> 결코 울지는 말아야지
>
> 바람이 불고
> 비가 내렸다
> 그 무서운 태풍 '매미'가!
>
> 봄 여름 가을 겨울
> 모두가 따로서듯
> 손잡고 가고 오잖아!
>
> 혼자가 아닌 세상살이
> 그대 아픔이
> 나의 고통일 수도 있다는
> 하나 되기를 위해 제발하고
> - 빛이 되자 소금이 되자.
>
> ―「울지마라 사랑아」전문

「울지마라 사랑아」를 보자. 태풍 '매미'가 지나가고, 사람들은 모두 좌절 속에 빠져있을 것임에 틀림없다. 몇 해 전 한반도를 강타한

'매미'의 피해는 정말 심각했었다. 하지만 이 '매미'도 가고 오는 것 중 하나라며 긍정한다. 우리는 '매미' 때문에 울 때가 아니라 "빛이 되자 소금이 되자"라고 이야기한다. 시적 화자는 해와 달이라는 영구한 존재를 통하여 태풍이란 일시적 현상이 준 아픔을 극복할 지혜를 교시하고 있다. 그녀의 시에 우울을 찾기 힘든 이유는 바로 이 세상에 대한 강한 긍정 때문이다.

또한, 최향숙 시인의 시에서는 나이 든 사람의 자취를 느낄 수가 없다. 이것은 앞에서 시인의 색깔을 녹색으로 표현한 것과 무관하지 않다. 분명히 시인은 인생의 황혼기를 맞이하고 있다. 그럼에도 사물을 보는 태도가 어린아이처럼 순수하고 천진무구하다. 가족관계와 관련된 시를 읽지 않는다면 그녀의 나이조차 추정하기 어렵다. 그것은 그녀의 솔직함과도 관계된다. 어린아이처럼 사물을 가식 없이 바라보고, 대화를 하며, 그것은 시 속에 현실적이고 사실적으로 표현된다.

병마에 지친 몸을 일으키려
한계령을 따라 나섰다

운무가 피어오르는
산모롱이를 돌아 재를 오르니

굽이굽이 바람소리
뱅그르르 맴도는 계곡물의 정취

정상을 올려다보며

8. 영원히 사랑을 꿈꾸는 낭만주의자 －최향숙

전망대에 올랐을 때

모두가
한 가지 소망을 빌자고 했다

무심결에
"까불며 살게 해 주셔요"라고

합장하던 벗님네들
함박웃음이 산을 구르고

꿈같은 시간
내 삶은 푸르게 깃발을 올렸다

－「한계령」전문

「한계령」에서 시인은 아예 한 가지 새해 소망을 "까불며 살게 해 주셔요"라고 기도한다. 정말 세상을 마음껏 뛰놀고픈 젊은 소망이 들어있다고 할 수 있다. 이어 화자는 용기 있게 "내 삶은 푸르게 깃발을 올렸다"라고 끝맺는다. 필자는 이 시를 읽고 만년에 공자(孔子)가 했다는 말을 떠올리지 않을 수 없었다. 즉 『논어(論語)』「위정편(爲政篇)」에서 공자는 "나는 나이 열다섯에 학문에 뜻을 두었고(吾十有五而志于學), 서른에 뜻이 확고하게 섰으며(三十而立), 마흔에는 미혹되지 않았고(四十而不惑), 쉰에는 하늘의 뜻을 깨달아 알게 되었으며(五十而知天命), 예순에는 남의 말을 듣기만 하면 곧 그 이치를 깨달아 이해하게 되었고(六十而耳順), 일흔이 되어서는 무엇이든 하고 싶은 대로 하여도 법도에 어긋나지 않았다(七十而從心所欲 不踰矩)."라고 회고했다.

지천명(知天命)을 벌써 지나고, 이순(耳順)도 넘겨, 종심(從心)을 바라보는 나이라곤 도저히 상상할 수 있는 파릇파릇한 젊음이 그녀의 시에 도도하게 흐르고 있다. 그리고 이것이 그녀의 시를 늙은 시가 아니라 어린아이처럼 순수한 시, 청년처럼 푸르른 녹색의 시, 그녀만의 생동감 있는 시를 만들고 있다. 필자는 최향숙 시인을 생각할 때마다 맥아더 장군의 애송시 「청춘」(Samuel Ulman 작)을 떠올린다.

    때로는 이십의 청년보다 육십이 된 사람에게 청춘이 있다.
    나이를 먹는다고 하여 우리가 늙는 것이 아니다.
    이상을 잃어버릴 때 비로소 늙는 것이다.

최향숙, 그녀는 이상을 찾아서, 젊은이처럼 사랑을 꿈꾸며, 봄날의 녹색을 마음껏 발산하며 오늘도 시를 쓰고 있다. 그녀가 늙었다고? 아니다. 그녀는 젊은 시인이다. (최향숙, 『나의 동반자는 사랑이야』, 세종출판사, 2008.3.10)

■저자약력■

송명희

고려대학교 대학원 국어국문학과에서 문학박사학위 취득(1985)
<현대문학>으로 문학평론가 등단(1980)
부경대학교 국어국문학과 교수(1981년 이후-현재)

저서에 『여성해방과 문학』(1988), 『문학과 성의 이데올로기』(1994), 『이광수의 민족주의와 페미니즘』(1997), 『탈중심의 시학』(1998), 『섹슈얼리티·젠더·페미니즘』(2000), 『타자의 서사학』(2004, 2004문광부우수학술도서선정), 『현대소설의 이론과 분석』(2006), 『디지털시대의 수필 쓰기와 읽기』(2006), 『소설서사와 영상서사』(2009), 『시 읽기는 행복하다』(2009)

편저에 『페미니즘 정전 읽기 Ⅰ』(2002), 『페미니즘 정전 읽기 Ⅱ』(2002), 『김명순작품집』(2008), 『이양하수필전집』(2009)

공저에 『여성의 눈으로 읽는 문화』(1997), 『페미니즘과 우리시대의 성담론』(1998), 『페미니스트, 남성을 말한다』(2000), 『우리 이혼할까요』(2003), 『젠더와 권력 그리고 몸』(2007, 2008문화관광체육부우수학술도서선정)

수필집에 『여자의 가슴에 부는 바람』(1991), 『나는 이런 남자가 좋다』(2002)

시집에 『우리는 서로에게 가는 길을 잃어버렸다』(2002) 등이 있다.

제1회 유화개인전(부산 김재선갤러리, 2002.6), 제2회 유화개인전(부산 NC갤러리, 2007.12)

수상에는 <제3회 한국비평문학상>(1994), <제10회 봉생문화상> (1998), <제6회 부경학술상>(2002), <제22회 이주홍문학상> (2002), 『후즈후세계인명사전』에 등재(2010)

<해운대포럼> 제5대 회장(2004), <제9회 달맞이언덕축제 운영위원장>(2006)

시 읽기는 행복하다

송명희 시평론집

초판인쇄 2009년 10월 9일
초판발행 2009년 10월 16일

저 자 송명희

발 행 인 윤석원
발 행 처 도서출판 박문사
책임편집 김진화
등록번호 제2009-11호

우편주소 서울시 도봉구 창동 624-1 현대홈시티 102-1206
대표전화 (02) 992 / 3253
팩시밀리 (02) 991 / 1285
전자우편 bakmunsa@hanmail.net

ⓒ 송명희 2009 All rights reserved. Printed in KOREA

ISBN 978-89-94024-09-7 93810   정가 16,000원

* 이 책의 내용을 사전 허가없이 전재하거나 복제할 경우 법적인 제재를 받게 됨을 알려드립니다.
** 잘못된 책은 구입하신 서점이나 본사에서 교환해 드립니다.